PHILIPPE GOUGUET

DE COGNAC

A ROME

LETTRES A UNE COUSINE

ANGOULÊME

IMPRIMERIE ET PAPETERIE INDUSTRIELLES G. VINCENT

38 et 40, Avenue Gambetta et Rue des Piétons

1909

Ces lettres sont adressées à « ma cousine. » « Ma cousine » n'est point telle personne en particulier, mais la jeune fille en général. Pour idéaliser encore, par l'éloignement des siècles, ce terme trop concret, je dirai, si l'on veut, qu'il s'agit ici de la parthénos des Grecs ou de la virgo des Romains.

Je lui ai raconté mon voyage parce que je l'ai supposée accueillante, simple, indulgente et douce. Elle m'a semblé parfois moqueuse ; je n'ai pris garde à ce travers

J'ai écrit ces lettres à la jeune fille. Je vous les dédie, mon bon oncle. Elle seront un petit témoignage de la grande affection que je vous porte, et aussi un humble souvenir de notre pèlerinage à Rome.

Philippe GOUGUET

Reignac, ce 29 Août 1909

De Cognac à Rome

(Lettres à une Cousine)

PREMIÈRE LETTRE

Ma Cousine,

Vous m'aviez dit avant mon départ pour Rome : « Prenez des notes durant votre voyage, et lorsque vous serez de retour et que votre tête ne sera plus hantée du bruit des wagons en marche et du cri aigu des locomotives, gentiment, écrivez-moi vos impressions, toutes vos impressions.» Je vous le promis, et aujourd'hui je viens, pour une petite part, m'acquitter de mes engagements.

Nous partîmes d'Angoulême, mon oncle et moi, par une matinée de septembre 1903. Je ne vous décrirai point, ma cousine, nos paysages de la Braconne et de Chabanais ; vous les connaissez déjà. Cependant, je ne puis m'empêcher de vous dire un mot de la Vienne, notre commune amie. D'ailleurs, elle mérite bien cette mention puisque,

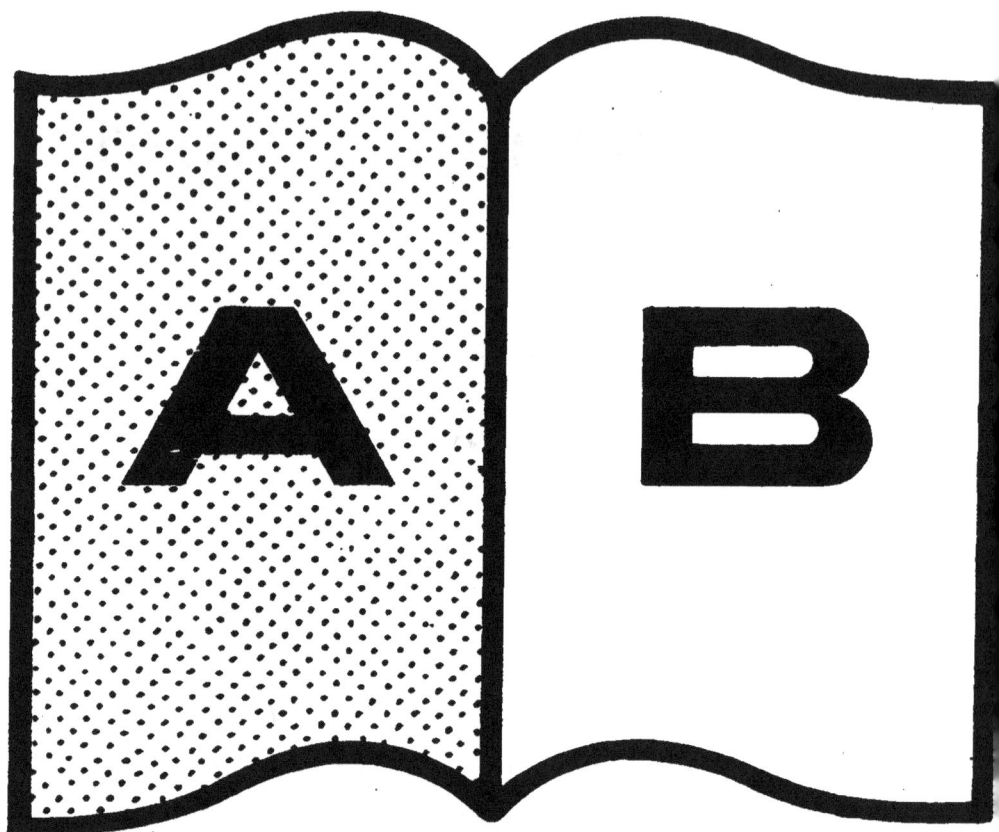

Contraste insuffisant

NF Z 43-120-14

sur un long trajet, elle nous fût une compagne très agréable avec sa fraîcheur bienfaisante et ses ondes au bruit harmonieux.

Oh ! la belle capricieuse, et comme il faisait bon la contempler coulant légère entre ses rives verdoyantes. Parfois, elle s'attardait en de larges nappes d'une eau assez paisible ; mais voici qu'elle a frémi sous la piqûre des cailloux aigus qui parsèment sa route. Hop ! tout à coup elle accélère sa marche, se précipite en course folle, se heurte aux rochers en grondant, puis, furieuse de l'obstacle, se détourne écumante de colère et redouble de vitesse jusqu'à ce qu'elle tombe sur un lit moins rocailleux où elle puisse, encore tout émue, se reposer un peu de ses superbes extravagances.

Mais, à une allure assez rapide, la locomotive qui nous entraîne a continué sa route. Nous voici à St-Junien. Les gantiers de cette ville viennent à peine de terminer leur grève. Moins d'argent dans la bourse, un cœur plus aigri et donc moins heureux, tel est sans doute le résultat de leur révolte. Pauvres ouvriers, pauvres attrappeurs de lune !

Encore quelques stations et nous arrivons à Limoges. Je ne vous dirai rien de cette ville, ma cousine, n'ayant vu d'elle qu'une gare bruyante comme toutes les gares, et des maisons noirâtres que dominent çà et là d'antiques églises. D'ailleurs, si je suis peu gracieux à l'endroit de la capitale du Limousin, c'est parcequ'elle nous a pourvus, avec une libéralité vraiment excessive, de compagnons de route insupportables. Pour comble de malheur, en même temps que notre compagnie, la chaleur redouble. Nous sommes suffoqués.

Un couple, dans notre wagon, est particulièrement ennuyeux. L'homme nous envoie au visage la fumée de son

brûle-gueule. Sa femme, à la portière, nous empêche de
respirer et nous casse la tête de ses sottes exclamations faites en une langue où le français et le patois se marient à
l'envi pour un impossible charabia. Alors, je deviens maussade, grommelle, et, comme rien n'y fait, je me mets à côté
de la portière restée libre. La Vienne est encore là et
bientôt j'oublie, à la contempler, nos importuns voisins.

Les gorges entre lesquelles la rivière court, se sont ré-
trécies. Le paysage est devenu des plus pittoresques. J'admire avec délices cette eau pure qui chemine à côté de
nous, tantôt à droite, tantôt à gauche (la belle capricieuse
aime beaucoup à jouer à cache-cache), pendant qu'au-dessus
se dressent des châtaigners piqués au flanc des collines
abruptes. Çà et là quelques moulins, quelques scieries dont
les tuiles rouges se détachent sur le sombre des bois. Oui,
vraiment, la nature est belle, très douce à nos maussaderies,
et combien reposante des hommes insipides. Il nous ravit
surtout ce Taurion qui, avant Eymoutiers, vient marier ses
ondes à celles de la Vienne.

Le soir était venu. Machinalement, je me répétais les
beaux vers de Lamartine :

C'est l'heure où la nature, un moment recueillie,
Entre la nuit qui tombe et le jour qui s'enfuit,
S'élève au Créateur du jour et de la nuit,
Et semble offrir à Dieu, en son muet langage,
De la création le magnifique hommage.

puis, bien que l'astre de la nuit ne fût pas encore levé uniquement pour l'incomparable beauté des images et de la
forme :

Comme une lampe d'or dans l'azur suspendue,
La lune se balance au bord de l'horizon,
Ses rayons attiédis dorment sur le gazon....

lorsque, à gauche, le Taurion s'offrit à nos yeux.

Très droite, la petite rivière, dans le calme du jour à son

déclin, déroulait son ruban argenté entre deux futaies. Rapide, elle descendait vers nous dans la gloire du couchant. Le soleil s'était retiré, mais il avait laissé au front de la forêt voisine des lambeaux de pourpre dont l'éclat illuminait la rivière par endroits, et les arbres penchés sur les rives voyaient encore leurs masses noirâtres se refléter au miroir des eaux. Hélas ! ce beau spectacle nous est bientôt ravi. La vapeur fait son œuvre, et nous sommes déjà loin de ce petit coin de terre à l'horizon trop étroit, mais où, à cette heure indécise et très paisible, j'aurais voulu m'attarder un peu.

Le Taurion disparu, je m'amuse à la Vienne. Elle n'est plus qu'un ruisseau. Bientôt elle nous abandonne, en même temps que le dernier rayon de lumière, après avoir serpenté follement à travers des prairies couvertes de joncs et des carrés de bruyère rose. Nous la quittons à regret, comme vous quitteriez, ma cousine, une amie douce et discrète.

Cependant les ombres se sont épaissies, et parce que l'homme ne vit pas uniquement de poésie, nous sortons nos victuailles de nos sacs. Un monsieur à l'air sévère grignote à côté de nous un morceau de pain sec. Bons princes que nous sommes, nous lui offrons de nos provisions. Après plusieurs refus énergiques, il accepte enfin volontiers : les Français sont bien toujours les gens les plus polis et les plus cérémonieux de la terre. Puis le repas et la conversation terminés, nous essayons inutilement de dormir. Bientôt nous arrivons à Clermont-Ferrand.

A la sortie de la gare, un garçon nous arrache nos valises et nous entraîne à son hôtel. Nous subissons notre sort en dignes fils d'une époque où l'on endure tout sans se fâcher. D'ailleurs, nous ne nous trouvons pas mal de notre docilité. L'on nous conduit à une chambre confortable, et bientôt, notre prière faite et notre cœur tourné vers Rome, but ultime de notre voyage, et encore si loin, si loin, nous nous endormons avec bonheur dans un « bon lit d'Auvergne. »

A.Dieu, ma cousine, et à bientôt.

DEUXIÈME LETTRE

Ma cousine.

S'il vous souvient, j'ai terminé ma dernière relation comme la première journée de notre voyage s'achevait à Clermont par un repos bien légitime. Le lendemain, mon oncle et moi, de bonne heure, nous mettions en quête d'une église afin de pouvoir célébrer. Notre-Dame du Port, vieille église romane du Xe siècle, à l'abside monumentale, s'offrit. Nous entrâmes, charmés par le recueillement qui semblait s'exhaler de ces pierres antiques. C'était dimanche, et, pour la première messe, une assistance nombreuse et recueillie se pressait déjà au pied des autels.

Plaisantons les Auvergnats, ma cousine : ils n'en sont pas moins, pour la plupart, des gas de corps robuste et de robuste foi. Nos messes dites, nous examinons la crypte de l'église avec sa célèbre Vierge noire, puis comme la faim ne se fait pas sentir encore, nous allons visiter la cathédrale.

Elle est très belle avec les deux tours élancées de sa façade, bras immenses tendus vers le ciel en un geste de confiante et joyeuse prière, ses trois nefs, ses nombreux autels disposés en demi cercle autour du chœur, ses hautes et sveltes verrières dont les couleurs plutôt foncées reposent les yeux, ses colonnettes, réunies en faisceaux puissants, qui montent d'un seul trait, droites et légères, à une grande élévation, après avoir restreint leur nombre se séparent, deviennent arceaux, de nef à nef s'inclinent les unes vers les autres, et, dans une attitude de gracieuse nonchalance, se réunissent à la clef de voûte, heureuses de se reposer enfin de l'effort produit : telles les fusées de nos feux d'artifice, ma cousine, les fusées qui par un beau soir d'été montent, montent, pénètrent très avant dans l'azur, puis bientôt défaillantes, se penchent pour mourir ; toutefois, au lieu que la traînée d'étincelles, après avoir hésité quelque peu se précipite du haut du ciel pour finir lamentablement le jet de pierre lui, fatigué, fléchit sans doute et décrit une courbe, mais au moment où il allait tomber, s'arrête immobilisé par le jet de pierre opposé qui, après avoir évolué de semblable manière, est venu à sa rencontre : et tous deux, arcboutés dans les hauteurs ainsi que leurs voisins, défient les siècles à venir dans une posture de superbe hardiesse. Encore un coup, cette cathédrale est très belle ; avec éloquence elle incite à prier.

Nous sortons enchantés, et je me demande pourquoi notre Fénelon, à qui il me déplaît souverainement de faire des reproches, n'a pas rendu justice à cette architecture gothique dont nous venons de contempler un remarquable spécimen ; pourquoi il a réservé son admiration au style grec dont la beauté régulière manque de vie et laisse froid.

— Mon cousin, vous m'ennuyez depuis un moment avec vos interminables phrases.

— ...... La faute en est à l'affection qu'il portait à la Grèce......

— Très probablement, mon cousin : c'est presque du La Palisse que vous me servez.

— ...... Il était grec cet homme-là, grec par son amour du beau, par son langage simple, noble, imagé, harmonieux, par son esprit fertile en ressources (lire sa polémique avec Bossuet), comme celui de cet Ulysse dont il a célébré le fils Télémaque.

— Après de l'architecture, de la littérature ; mon cousin, c'est quasi fastidieux.

— Vous avez raison .... Tenez, voici sur la place adjacente à la cathédrale une fontaine surmontée d'une statue d'Urbain II préchant la croisade. Cet Urbain II dont Mgr d'Hulst a fait un beau panégyrique......

— De l'histoire maintenant, c'est insupportable.

— Aussi bien je m'arrête. D'ailleurs la faim commence à nous tirailler l'estomac. Puisque vous ne voulez pas nous suivre dans les chemins de l'histoire et de l'art, suivez nous au restaurant, ma cousine. Ensuite examinez avec nous, en repassant devant la cathédrale, deux bonnes vieilles, assises sur les marches, à l'ombre des hautes tours.

Elles me captivent fort, les deux bonnes vieilles...... Je ne puis vous préciser leur âge. Elles ont de ces figures qui dénotent indifféremment 70 ou 200 ans. Pour ma part, je suis porté à croire qu'elles vivaient au temps de cet Urbain II (XIe siècle) qui, de son socle de pierre, les contemple, et qu'elles sont revenues par cette belle matinée de septembre afin de voir si leur bonne ville de Clermont est toujours la même. Mais elles se trouvent bien dépaysées, les pauvres vieilles. Les costumes tout pimpants des Auvergnates modernes les interloquent et les scandalisent Elles branlent la tête mélancoliquement et, lorsque à de rares intervalles, elles laissent échapper des réflexions douloureuses, leur nez et leur menton se rejoignent avec tristesse...... Pauvres bonnes vieilles ! ......Leurs cha-

peaux m'intéressent. Rappelez-vous les corbeilles dont notre grand'mère se servait pour faire pondre les poules, sup-
posez-les recouvertes d'une étoffe verdâtre, défraîchie et
plissée, et vous aurez une idée assez exacte de la coiffure
de ces antiques Auvergnates ......Pauvres bonnes
vieilles ! ......

Et parce que je ris de leur accoutrement, n'allez pas
croire que je me moque d'elles : l'habit ne fait pas l'Auvergnate, pas plus qu'il ne fait le moine. Je les aime ces bonnes vieilles, je les aime elles, leur ville et cette ville de
Limoges que j'ai un peu égratignée dans ma dernière lettre.
De cette égratignure que l'on m'a reprochée, je voudrais
pouvoir me justifier.

Mais voici précisément qu'on me réclame pour affaire
pressante. A Dieu, ma cousine. Nous sommes encore loin
de Rome, oh ! bien loin. Cependant n'ayez crainte, nous y
arriverons, s'il plait à Dieu.

TROISIÈME LETTRE

Ma Cousine,

A Clermont, sur la place de Jauld. Le conducteur de
tram corne avec fureur. Nous lui faisons, dans le lointain,
des gestes désespérés. Il nous attend, mais sa figure trahit
l'impatience. Ne vous fâchez pas, brave Auvergnat ! Nous
courons autant que la modestie ecclésiastique le permet, et,
tout haletants, pénétrons à l'intérieur de la voiture, qui
part au milieu du bruit strident de la roulette glissant sur le

fil de fer. Nous avons juste le temps de donner un coup d'œil aux belles statues de Vercingétorix et de Desaix, qui ornent la place, et au dôme de l'église des Minimes, qui dans le ciel se dresse radieux. Et maintenant, en route pour Royat !

Nous allons à une allure rapide par une avenue large bordée de grands arbres dont les branches forment une voûte de feuillage. A droite, à gauche, s'offrent d'élégantes villas. Elles sont entourées de jardins agréables, leurs murs sont tapissés de glycines et de vignes vierges ; seules les toitures ne sont pas envahies par la verdure, et, rouges ou sombres, pointent dans l'azur. Aux fenêtres, dans l'encadrement gracieux des feuilles un peu mordorées, se montrent parfois des têtes rieuses d'enfants. Quelques minutes à peine se sont écoulées ; nous sommes à Royat.

Oh ! la gentille petite ville ! Elle était frileuse, sans doute. L'air vif des monts d'Auvergne faisait mal à sa poitrine délicate, et c'est pourquoi elle s'est tapie dans ce joli recoin, bien exposée au midi et garantie des froids hivernaux par les montagnes voisines qui l'entourent avec amour. Elle est allée, la câline, jusqu'à conquérir l'amitié du grand Puy-de-Dôme, qui non loin, s'élève avec des airs de paternelle protection.

Et puis, ma cousine, comme elle est pittoresquement sise ! Dans le fond de la vallée, au flanc des collines ombragées, près des eaux qui tombent des rochers en cascades écumeuses, puis, encore bouillonnantes, courent sur des pierres aiguës et noirâtres ; partout où, dans ce lieu enchanteur, la lumière s'épanche avec plus d'éclat et la douceur de vivre apparaît plus forte, elle a fixé ses coquettes habitations. Pendant que j'écris ces lignes, j'ai sur ma table une vue panoramique avec cette inscription : « Royat dans son nid. » On ne pouvait mieux dire. Ce site est en vérité un nid, un nid maternellement préparé par la nature, et où Royat, durant la belle saison, se dilate joyeux au soleil du bon Dieu.

Sous le coup de cette impression charmante, nous procédons à l'examen détaillé des beautés de la petite ville. Voici tout d'abord la *Tiretaine* qui, bordée de maisons assises jusqu'en son lit, épanche ses ondes sous l'arche unique et retentissante d'un vieux pont. Tout près, la grotte des Laveuses se présentent à nos regards. Dans l'excavation du rocher, des femmes lavent en jacassant : c'est ici comme ailleurs ! Non loin, un baudet pait avec placidité, sans s'inquiéter du faix de linge mouillé qu'il devra bientôt rapporter à la maison. C'est un âne très philosophe, un âne dont les pauvres hommes, trop préoccupés du lendemain, pourraient envier la haute sagesse.

Nous allons quelques minutes par un sentier montant et arrivons enfin à l'antique église romane du XIe siècle qui domine Royat. Avec son clocher et ses murs roides, hérissés de créneaux, dépourvus de fioritures architecturales, elle donne à penser (après quelques efforts d'imagination, j'en conviens), aux chevaliers contemporains de sa naissance, qui, empesés en leurs armures de fer, allaient pourfendre les infidèles et délivrer le tombeau du Christ.

Sa crypte est curieuse à voir, curieuse surtout la croix de granit environnée d'une grille en fer qui se dresse sur la petite place avoisinante. Elle est très ancienne, très mince, très fouillée. Sur ses bras rongés par le temps, Jésus étendu semble sourire. L'artiste qui l'a ouvragée a dû travailler trop exclusivement peut-être d'après ces paroles de l'Ecriture : « En vue de la joie qui lui était proposée, le Christ a souffert la croix. » (Hébr. XII, 2).

D'aucuns pourront rire de son œuvre, trouver qu'elle n'est pas conforme à la réalité, que le visage du Sauveur en croix a dû se contracter sous la douleur et non s'épanouir en un sourire. Quoi qu'il en soit, je l'aime, cette croix : elle me semble merveilleusement exprimer une âme pleine de foi, naïve peut-être, mais très candide, candide jusqu'à la suavité. Et la naïveté et la candeur suave sont si rares à notre époque que je ne peux m'empêcher de les saluer ravi partout où je les trouve, alors même qu'elles fleuriraient pour orner un contre-sens historique. O images saintes du moyen-âge, où, comme en un clair miroir, resplendit la simplicité charmante de nos pères, je vous salue et vous chéris.

Nous nous détachons de cette croix, ma cousine, malgré le plaisir que nous goûtons près d'elle. L'heure nous presse. Nous dévalons rapidement la descente qui conduit à l'établissement de bains sulfureux, et, après avoir donné un regard à la chocolaterie renommée de Royat, nous engageons dans le parc. Le soleil darde ses traits, mais nous les narguons, abrités que nous sommes par les grands arbres et rafraîchis par les eaux qui gazouillent à côté. Nous arrivons à l'établissement, avalons (il faut bien faire comme tout le monde) un verre d'eau sulfureuse (pouah !), convenons, malgré notre envie d'affirmer le contraire, que cela est délicieux, puis, nous dirigeons vers les cabines. Mais voici que tout à coup je fais volte-face, laisse mon oncle parlementer avec les employés, et, désireux, comme toujours, d'emplir mes yeux et mon souvenir de visions, reviens sur le seuil et considère le parc.

Bien m'en prend, et vous allez voir pourquoi. A peine suis-je arrivé, que j'aperçois, venant de mon côté, un charmant petit couple. Le bambin a six ou sept ans, la bambine neuf ans, peut-être. Ils ont l'un et l'autre de grands cheveux blonds, de grands yeux pleins de ciel, une mise très élégante en sa simplicité. Leurs visages fins aux lignes pures et la distinction de leurs gestes dénotent la noblesse de race. Leur papa et leur maman ne sont pas très loin en arrière, mais je n'ai d'yeux que pour les tout petits. Ils sont si gentils ! Ils s'avancent avec une certaine solennité dans la grande allée. Elle, avec précaution, porte une belle poupée. Lui, les mains libres, prête une oreille très attentive aux paroles de sa sœur : car elle parle, la petite, avec un air très sérieux, je vous assure. Ils ne me voient pas. Au-dessus de leurs têtes, dans l'espèce de demi-jour formé par l'épaisseur du feuillage, filtrent des rayons aigus semblables aux épées fulgurantes dont usèrent sans doute messire Saint-Michel et les bons anges dans leur lutte fameuse contre Lucifer et ses satellites.... Les tout petits se sont rapprochés. Je peux facilement percevoir leurs paroles. La voix harmonieuse de la bambine chante plutôt qu'elle ne parle.

Elle. — Vois-tu, mon Jean, je crois bien qu'il n'est pas permis de faire entrer Lolotte (Lolotte, c'est la poupée) aux bains, et cependant, je ne veux pas me séparer de ma Lolotte (ce disant, elle serre Lolotte sur sa poitrine).

Lui, très anxieux. — Je ne sais pas, Guiguite. (Il cherche dans son jeune cerveau, et, très ennuyé de ne pas trouver de réponse satisfaisante, mordille son petit doigt avec une résignation douloureuse).

Elle. — Si nous consultions maman.

Lui, radieux, plein d'admiration. — C'est cela, Guiguite.

Ils se détournent et cherchent le papa et la maman, qui précisément se sont éloignés. A ce moment, ma cousine, je braque sans doute ma vue avec plus de force sur le petit couple ; la fillette se sent observée, pirouette sur ses talons et m'aperçoit. Même mouvement de la part de son frère. Sur les deux visages enfantins une grande surprise mêlée d'un peu de frayeur. Mais cela ne dure qu'un instant. J'ai déposé mon air bourru. Je me fais aimable.... autant que possible. Alors les deux petits se font un signe d'intelligence, puis résolûment franchissent les quelques mètres qui nous séparent.

C'est elle encore qui parle. Comme je suis de taille plus que moyenne et qu'elle se trouve tout à côté de moi. elle est obligée de lever la tête assez haut. Ses grands yeux me regardent sans peur comme sans hardiesse. Cependant son frère la contemple avec admiration toujours, et me lance de temps à autre un regard qui semble dire : Allons, monsieur, soyez bon pour Guiguite : je l'aime tant.

Et la petite voix très douce de nouveau s'est mise à chanter.

Elle. — Monsieur, pensez-vous qu'il me sera permis de faire entrer Lolotte aux bains.

Moi. — Hum ! Hum ! je ne sais pas trop, mademoiselle Guiguite.

Elle. — (Tout étonnée. Comment le monsieur peut-il savoir son nom ? D'ailleurs, cela lui plait.) Je crois bien, monsieur, que ce vilain poteau nous le défend.

Je regarde dans la direction que m'indique la main rose. et aperçois en effet un poteau gris supportant une indication. Pendant ce temps, la petite main, devenue hardie, s'accroche à la mienne et m'entraine vers le terrible poteau. Il est élevé ce poteau. C'est, selon toute apparence, le seul motif pour lequel mademoiselle Guiguite et monsieur Jean n'ont pu lire la prohibition. Je la lis et retiens à grand'peine une forte envie de rire.

Le terrible poteau étale ces simples mots parfaitement respectueux des droits de Lolotte à aller partout : « Il est défendu de laisser circuler les chiens dans les allées du parc. »

Maître de moi-même, je me penche vers les tout petits : « Ecoutez moi bien, monsieur Jean et mademoiselle Guiguite (ils redoublent d'attention, anxieux) : Lolotte peut entrer aux bains avec vous. Les vilains caniches seuls en seraient empêchés. »

Alors, un soupir de soulagement s'échappe simultanément des deux petites poitrines : Guiguite et Jean, le visage illuminé de bonheur, m'adressent un joyeux merci.

En me relevant, j'aperçois, à une trentaine de mètres, le papa et la maman qui reviennent. Je présente mes hommages à monsieur Jean et à mademoiselle Guiguite et m'esquive. Sur le seuil de l'établissement je me retourne. La famille est maintenant réunie. Mademoiselle Guiguite parle avec volubilité, monsieur Jean boit les paroles de sa sœur et approuve de la tête ; le papa écoute joyeusement étonné ; la maman sourit. A n'en pas douter, mademoiselle Guiguite bavarde sur mon compte.

Doucement réjoui, je vais trouver mon oncle. Ensemble nous essayons un instant (oh ! rien qu'un instant : deux sont un luxe plutôt ..... étouffant : demandez-en des nouvelles à mon cher oncle, ma cousine) les effets de l'acide carbonique dans la Grotte du chien, puis longeons le viaduc et les ruines thermales gallo-romaines de Royat. Nous jetons un regard à l'église de la Chamalières, un dernier coup d'œil à Royat, et de nouveau prenons le tram, cette fois pour Clermont, où nous appelle un désir presque furieux de déjeuner.

Sur ce prosaïque besoin de l'humaine nature, je vous dis : A Dieu, ma cousine, et à bientôt.

QUATRIÈME LETTRE

Ma cousine.

Nous sommes de retour à Clermont. Malgré l'heure avancée, j'entraine mon oncle, un peu récalcitrant, à la fontaine pétrifiante de Saint-Allyre. Nous pénétrons dans l'établissement, car établissement il y a. Les curiosités naturelles non entourées de murs très hauts et dont l'abord n'est pas gardé par des hommes âpres au gain, toujours en quête de vos sous, deviennent rares. Mais, puisque *nous avons payé*, nous pouvons voir et voyons en effet. L'eau merveilleuse, *dont la vue se paie*, arrive d'une montagne voisine et s'écoule sur deux gradins placés vis-à-vis l'un de l'autre. Sur ces gradins sont disposés des objets à pétrifier : œufs, petits paniers, statuettes, etc. Dans les bassins inférieurs, qui recueillent l'eau tombante, se trouvent de gros objets, voire même des animaux. Un zèbre (empaillé, il va sans dire), au bout de huit mois, sera recouvert d'une couche pierreuse.

Nous examinons, dans le jardinet qui précède la fontaine, de curieux phénomènes de pétrification : un paysan en train de traire sa vache, un serpent qui monte alerte à l'assaut d'un nid, une vieille fileuse auvergnate. Mais je reviens à l'eau merveilleuse et la contemple de nouveau. Elle est belle à voir en ce moment : éclairée par une lucarne au carreau rouge, elle déploie sans fin sa transparente draperie couleur pourpre.

Talonnés par le temps, nous reprenons le tram et longeons une sorte de jardin public où se dressse une statue. C'est celle de Blaise Pascal, le penseur sublime que la ville de Clermont se glorifie, à juste titre, de compter parmi ses fils. Le monument représente l'immortel écrivain assis, tout sévère, le front large et chagé de pensées, de ces pensées dont la méditation donne le vertige : « Le monde est une sphère infinie dont le centre est partout, la circonférence nulle part .... *Le silence éternel des espaces infinis m'effraie....* » Avez-vous remarqué le dernier mot de cette dernière phrase ? Ne vous a-t-il pas donné froid ?

Pendant que je me remémore ces phrases incomparables, le tram poursuit sa route. Nous somme arrivés à notre hôtel. Vite nous nous mettons à table. Les mets sont abondants ; mais. juste ciel ! quelle cuisine ! Elle était, ma cousine. elle était .... auvergnate : je ne trouve pas d'autre épithète. Et puis cette *propreté minutieuse*. particulière au pays. qui laisse errer parfois des cheveux dans le fromage et dans la *choupe*. montrait quelque peu son oreille crasseuse au milieu d'un ragoût. Bref, c'était peu engageant. Nous fimes un choix. Ce procédé n'est pas flatteur pour le cuisinier. Mais, que voulez-vous ? A l'impossible nul n'est tenu, et c'était bien l'impossible que de vouloir manger de certain veau à la sauce dont j'ai conservé un très particulier souvenir. Et je pensais par devers moi que si Vatel, vous savez, le fameux Vatel dont vous lûtes naguère la mort pitoyable dans une lettre de madame de Sévigné, eut vu Louis-le-Grand *rechigner* ainsi aux plats par lui préparés. il se fut de son glaive transpercé vingt fois, oui, vingt fois au lieu de trois.

Restaurés tant bien que mal, nous allons à la gare et prenons le train se dirigeant sur Gannat. De notre compartiment, nous apercevons à gauche les monts Dômes; à droite, les monts du Forez qui, au loin, découpent sur le ciel clair leurs cimes violettes. Nous cotoyons la Limagne, et, dans l'éclat de la lumière qui donne la vie à toutes choses, notre admiration va indécise des prairies plantureuses, sillonnées de saules dont l'argent brille sous le soleil, aux champs qui étalent avec orgueil leur luxuriante végétation.

Nous voici à Gannat. Détail très intéressant ou peu intéressant, comme vous voudrez, dans cette ville où nous sommes obligés de rester quelques heures, mon premier acte est de perdre mon parapluie. Je reviens très vite vers notre compartiment, monte sur le marchepied et vais perquisitionner, lorsque très vite aussi le train démarre, puis s'enfuit comme un voleur. J'ai juste le temps de descendre. Je fais télégraphier à la gare suivante. Vain résultat. Quelque bon indigène se sera emparé de mon précieux *ustensile*. Pour me consoler, mon bon oncle me dit avec beaucoup de raison que, pour aller à Rome voir Saint-Pierre et le Vatican, il n'est pas besoin de parapluie. Il me bêche, ma cousine. De mon côté, je le plaisante sur certain volumineux manteau qu'il est obligé de trainer après lui. Dialoguant ainsi, nous arrivons à l'église Sainte-Croix.

L'heure des vêpres est venue. Nous assistons en partie à l'office, allons voir, à travers la grille qui en ferme l'entrée, l'élégante chapelle des Rédemptoristes, mise sous scellés par les agents de l'illustre Combes, et prenons le train pour Lyon.

Nous sommes encore en wagon. La fatigue se fait un peu sentir. Le paysage n'attire plus notre attention. Je veux m'endormir et ne puis. J'entre dans une espèce de demi-som

meil. Je vois passer devant mes yeux de vieilles Auvergnates (celles de Clermont dont j'ai ri l'autre jour) me mena-
çant de leurs béquilles branlantes.

Aïe ! Aïe ! Je ne sais si j'ai poussé des cris. Toujours
est-il que je me réveille en sursaut au bruit de voix rieuses.
Deux jeunes filles ont pénétré dans notre compartiment, à
quel moment précis, je l'ignore. Il n'est pas séant de dormir ainsi, tenons-nous bien. Je mets quelque temps à produire ces deux pensées, et enfin, reprends complètement
mes esprits. Nos voisines compulsent un guide qui a pour
titre ces mots magiques, depuis longtemps caressés en mes
rêves : « Pompei, Naples, Sorrente. » A n'en pas douter,
nous avons affaire à des pèlerines de Rome. Je formule ma
conclusion tout haut. Nos voisines en approuvent la jus-
tesse. La glace est rompue. Nous nous trouvons avec deux
jeunes personnes de Limoges. A leur retour de Rome,
l'une ira volontairement dans une ville de l'Est remplacer,
auprès des enfants, une religieuse proscrite ; cependant
l'autre restera consoler son vieux père. Nous sommes, vous
le voyez, ma cousine, en bonne et agréable compagnie.

Et tout serait parfait si, dans le compartiment voisin,
n'éclatait bientôt, hurlée plutôt que chantée, la chanson
bête qui a eu son moment de vogue folle, et depuis, comme toutes les œuvres au succès hâtif et immérité, est re-
tombée dans l'oubli d'où elle n'aurait dû jamais sortir pour
son honneur : je veux dire *Poupoule*. Nous nous levons de
nos places, lançons des regards sévères au hurleur (c'est un
gamin de six ans !), échangeons des réflexions aigres, que
lui et ses parents entendent. Rien n'y fait. Le gamin continue à hurler *Poupoule* sous les yeux de sa mère émerveillée.
Pensez donc, à six ans, savoir *Poupoule* ! Quelle gloire pour
une mère d'avoir un tel fils ! La chanson exécutée en son

entier est bissée par des voisins maladroits. La mère exulte. Le hurleur reprend. C'est à désespérer. Après un moment nous commençons à nous résigner et à rire, lorsque le salut vient enfin. Le petit prodige et sa famille descendent aux environs de Roanne. Le train se remet en marche. L'endiablé drôle s'enfonce dans la nuit. Il chante encore *Poupoule*.

Bon voyage, mon petit ami. Puisse votre sotte mère ne pas se repentir un jour d'avoir laissé ternir votre bouche d'enfant à de semblables grivoiseries. Cette *Poupoule* d'ailleurs m'a rendu tout pensif. Je pense, entre autres choses, que si, par impossible, nos excellentes mères nous avaient laissé, au temps de notre première jeunesse, apprendre et chanter pareilles légèretés, vous ne seriez probablement pas, ma cousine, la personne accomplie, admirée de ceux qui vous connaissent ; et pour ma part, je risquerais fort de n'être pas le prêtre dont les lèvres, tout indignes qu'elles en sont, baisent chaque matin l'Hostie sainte, et se trempent heureuses dans le sang du Christ-Jésus.

Cependant le train continue sa route. Nos voisines nous quittent à Roanne. Bientôt nous voici à Lyon. Sur le Cours du Midi, à côté de nombreux trams brillamment éclairés qui vont et viennent sans trêve, nous parlementons avec des cochers très exigeants, les abandonnons, et au lieu d'aller au Séminaire Saint-Irénée, où nous attendait un ami, nous résolvons à passer la nuit dans un hôtel voisin de la gare.

Nous allons reposer. A bientôt, ma cousine.

CINQUIÈME LETTRE

Ma Cousine,

Je continue ma relation de voyage. Par la pensée allons à Lyon au lendemain matin de notre arrivée. Mon cher oncle tarabuste à la porte de ma chambre. A demi éveillé, je lui réponds par quelques mots inintelligibles, puis, sans plus de cérémonie, m'enfonce très avant dans l'oreiller et me rendors. Il est obligé de venir à la rescousse et de presque se fâcher à travers la cloison. Je me réveille enfin, m'habille à la hâte (on tarabuste toujours à ma porte !), fais une petite prière, puis, me mets avec mon bon excitateur matinal, en quête d'une voiture pour le séminaire Saint-Irénée. Mais je suis de mauvaise humeur et peste *silencieusement* ! contre les voyages qui vous tiennent sur pied « du matin-jour à la nuit close. »

— Messieurs, une voiture ? — Oui, mon brave.

Nous montons, et au trot d'une maigre haridelle qui pour tenir debout et courir (elle voudrait dormir elle aussi, sans doute) a besoin du secours incessamment renouvelé des guides et du fouet, nous traversons la Saône (sur un pont, il va sans dire !) puis, gravissons la côte ardue qui conduit tout là-haut vers Saint-Irénée et Fourvière.

Sur la ville immense, étendue à nos pieds, plane un brouillard assez épais. Il s'est éveillé sous une légère caresse de l'air, est sorti des flots bleus de la Saône et du Rhône où il reposait, est monté avec lenteur dans le ciel (rampant plutôt que montant), et, de ses tristes franges vaporeuses, enveloppe les humains et les choses, jusqu'à ce qu'il disparaisse percé, réduit en loques, annihilé par les traits du soleil vainqueur. Mais pour le moment, il est au faîte de sa puissance. Nous ne voyons presque rien. Saint-Georges et Fourvière apparaissent seuls à nos regards. De Saint-Georges nous apercevons, au bas de la colline, près de la Saône, le clocher élevé et svelte qui cherche à arracher sa pointe du brouillard où sa base est enfouie. De Fourvière nous distinguons nettement la masse imposante et gracieuse qui chante, plus près du ciel, bien au-dessus des lamentables traînées grises, dans la lumière et dans l'azur, son hymne de reconnaissance à Jésus et à Marie. Car, de même qu'il y a les choses qui pleurent *(sunt lacrymae rerum,* a dit le poëte) il y a aussi les choses qui chantent. Et parmi ces dernières, je ne crois pas téméraire d'affirmer que Fourvière est au premier rang pour les hymnes douces et célestes. Fourvière et Lourdes! beaux chants d'amour chantés par la France aimante et croyante, et dont les suaves accents font peut-être oublier à Dieu les ricanements sardoniques des blasphémateurs impies....

Et nous allons, ma cousine, montant toujours, vers l'azur, vers la splendide basilique... Peut-être par ce même endroit alla Louis XI lorsque, attaqué par Charles le Téméraire, il vint solliciter, à Lyon, le secours de très noble Dame de Fourvière. A l'époque, au lieu des rues actuelles, des sentiers étroits grimpaient vers le sanctuaire de Marie. Ce sanctuaire enfin était pauvre et d'aspect plutôt triste, surmonté d'un clocher carré terminé en pointe, presque piteux. Tout autour, quelques habitations, puis des arbres et des broussailles dégringolant vers la Saône au lieu et place où, de nos jours, se pressent de nombreuses maisons. La nature fêtait Notre-Dame. Les hommes, à leur tour, voulurent la fêter. Ils chassèrent la nature et se mirent à sa place. Auprès des sanctuaires de Marie, les hom-

mes, plus ou moins instinctivement, se réfugient. Marie,
c'est pour les hommes le bien-être, la douceur de vivre.

Au pas de notre haridelle impatientante, nous approchons de Fourvière ... Lorsque le roi Louis XI fut arrivé
en la demeure de la reine du ciel, il ne put s'empêcher de
gémir sur la pauvreté du monument. A lui, simple domina-
teur d'un royaume terrestre, on avait fait des honneurs magnifiques. Sur son passage, les rues étaient brillamment pa-
voisées, et Marie, elle, n'avait pour tout arc de triomphe
que de misérables voûtes de pierre nue. C'est alors qu'at-
tristé de ce contraste le roi prononça les fameuses paroles :
« Nous ne souffrirons point que si belle Dame loge en si
humble maison », et, dit un historien, « en outre du riche
mobilier qu'il lui donna, des fondations qu'il fit en son honneur, il l'établit châtelaine, avec droits seigneuriaux, sur
une partie du domaine royal : Charlieu et vingt-quatre pa-
roisses qui en dépendaient. »

Ces paroles et ces actes sont beaux. Ils réconcilient
avec Louis XI. Cet homme était meilleur qu'on ne le pense communément. Il avait au cœur, en plus de l'affection
pour la Vierge, un amour très ardent de son pays. Il employa, au vrai, des cages de fer où il enferma les ennemis
de l'unité nationale et de la patrie. Mais, de nos jours, les
cages de fer seraient-elles donc tant à dédaigner ? Ne pour-
raient-elles pas, les cages de fer, servir à loger nos vils po-
liticiens triomphants alors que, humiliée, la patrie se meurt.

Notre haridelle termine enfin son supplice et le nôtre.
Nous arrivons cahin-caha au Séminaire Saint-Irénée, situé
non loin de Fourvière, sur la butte. Nous y trouvons un
prêtre sulpicien, un ami, qui se constitue notre *cicerone*.
Il nous conduit à Fourvière où nous commençons par dire
nos messes. Ensuite nous regardons la chapelle Saint-Tho-

mas Becket et l'ancienne chapelle de Marie, qui, parait-il, convient mieux à la piété lyonnaise. Elle est moins brillante, mais plus recueillie que la nouvelle : telle l'ancienne Obézine d'Angoulême. Au moment où nous la visitons, malgré l'heure matinale, de nombreuses personnes s'y trouvent en prières devant une statue miraculeuse. Finalement, nous examinons la nouvelle basilique.

Mais je suis bien embarrassé. Je comptais, pour vous la décrire, sur des cartes-postales dont j'avais fait provision et elles me font défaut. Je les ai prêtées, elles et leurs sœurs italiennes, à une personne dont j'ai oublié complètement le nom ; me sachant en peine, elle se hâtera de me les rapporter. En attendant me voici les mains liées et la plume bridée, n'ayant que des notes très incomplètes, prises très hâtivement. Je vous les donne. Ce sanctuaire est le plus riche des sanctuaires français dédiés à Marie. A l'intérieur, le marbre et l'or se marient à l'envi. Deux mosaïques remarquables : à droite le vœu de Louis XIII, à gauche la bataille de Lépante. Dans cette dernière, la couleur locale est scrupuleusement rendue. A l'entrée de la basilique, belle porte de bronze. Au bas de l'escalier qui la précède, sur un socle de granit, dorment des lions, frères de ceux de Canova.

C'est du style à la Joanne que je vous fournis, ma cousine. Ah ! vous aviez bien tort d'attendre avec impatience ma prochaine relation de voyage. Mais, que voulez-vous ? la faute en est à la personne qui détient mes précieuses cartes-postales. Oh ! cette personne ! si vous la connaissez, dites-lui donc, je vous prie, de rendre au plus vite le riche dépôt qu'elle recèle. Sans mes cartes-postales, je ne puis raisonnablement continuer ma relation de voyage à Rome. Et ce serait, sans doute, une grande perte pour la

littérature française !! Toutefois, de cela je ne m'embarrasse
guère. J'ai perdu mes cartes-postales, je suis tout à mon
malheur, et mettant « cartes-postales » à la place de « patrie » (les cartes-postales me sont *presque* aussi chères que
la patrie, aujourd'hui), transformant en prose ordinaire
deux vers de prose mesurée et rimée, je m'écrie avec désespoir :

> Rendez-moi mes *cartes-postales*
> Ou laissez-moi mourir.

Mourir pour des cartes-postales ? Eh ! oui. Il y en a
qui se tuent pour moins, croyez-moi.

A bout de moyens, je prends une résolution énergique.
Je me passerai de cartes-postales pour cette fois. Et je vous
dirai (sans cartes-postales) qu'après avoir vu la basilique,
nous parcourûmes l'esplanade. jetâmes un regard dédaigneux à une tour Eiffel, piteuse, à côté de la basilique toute
belle, avec ses pieds immenses, son corps mince et angu-
leux et sa tête minuscule. Pauvre tour Eiffel ! Elle ne sera
point jamais un modèle d'esthétique ! Et je vous dirai encore sans cartes-postales, que de l'esplanade nous cherchâmes
à voir le Mont-Blanc. Peine perdue. Derrière un rideau de
gaze bleuâtre, coiffé de son éternel bonnet de coton blanc,
monsieur dormait d'un profond sommeil sans s'inquiéter
de ceux qui désiraient le voir. Je puis vous dire (sans cartes-postales !!!) que nous le vouâmes à toutes les furies in-
fernales et descendîmes au Séminaire.

A notre droite, l'école des Minimes ; sur notre gauche,
une petite place où, nous dit notre *cicerone*, se trouvaient
autrefois les arènes. Toujours à gauche, l'Hôpital de l'Antiquaille. Il regorge de souvenirs terrifiants et sublimes, cet
hôpital. C'est pourquoi je vous y conduirai à nouveau, en
ma prochaine lettre.

Pour le moment, nous sommes au Séminaire. Sur la terrasse d'où l'on découvre une vue magnifique, nous cherchons à voir encore le Mont-Blanc. Nous en sommes pour nos frais. Derrière ses rideaux, monsieur s'obstine à bouder. Furieux, nous décidons de ne plus nous occuper de lui et allons déjeuner en la docte et sainte compagnie des messieurs de Saint-Sulpice préposés au Séminaire Saint-Irénée. Cela ne vous intéresse guère, ma cousine, mais cela me fait grand plaisir à moi qui ai grand'faim.

. . . .

Si vous entendez parler de mes cartes-postales, faites les moi rendre. Je vais perdre la carte si vous ne me rendez mes cartes..... Ma cousine. sans mes cartes-postales je puis écrire, mais avec mes cartes-postales je divague. Quoi qu'il en soit, rendez-les moi. rendez-les moi. J'ai tout dit.
    A Dieu.

―――――

SIXIÈME LETTRE

Ma Cousine,

J'ai retrouvé mes cartes et.... la carte. Je puis donc continuer ma narration de voyage et vous parler de cette cathédrale Saint-Jean, de Lyon. qu'au soir du 21 Septembre, nous allâmes visiter, encore au trot d'un mauvais cheval de fiacre. Ecrasée par la colline de Fourvière. au bas de laquelle elle est sise, cette cathédrale n'en est pas moins grandiose et belle. Plus ancienne que la cathédrale de Clermont, dont je vous ai parlé. elle possède. comme elle, trois nefs et des voûtes gothiques très élancées dont la vue porte l'âme à prier. Son intérieur contient un trône archié-piscopal qui m'a semblé, tant son bois est fouillé, un vaste amas de dentelles brunes et rigides disposées pour un siège magnifique, et une horloge, merveille de mécanique com-pliquée, objet de curiosité légitime pour les touristes, et qui indique, à la suite de force déclanchements tumultueux et provocateurs de personnages battant la mesure, les heu-res, les minutes, le quantième, la lune, et peut être encore autre chose.

Je vous mentionnerai aussi les autres curiosités lyon-naises que de notre voiture criante nous fûmes à même d'apercevoir : les belles rues aux riches maisons très éle-vées, et, devant l'Hôtel de Ville, la fontaine monumentale composée d'une République guidant quatre coursiers de taille extraordinaire, aux pieds de griffon : « Sa main sur les chevaux *laisse* flotter les rênes. » A ses côtés, deux en-fants tiennent en mains une urne d'où les ondes s'épanchent, ruissellent sur la croupe des coursiers qui se cabrent à de-mi, et, de leurs naseaux fumants, projettent de l'écume.

Quant à l'Hôtel de Ville que précède ce monument, il est de bonne mine avec trois dômes de face, dont les cou-poles recouvrent, bien en vue des passants, de belles sta-tues, entre autres celle de Henri IV.

Mais en voilà beaucoup trop. Fouettez, fouettez encore, cocher. Ne voyez-vous pas que je m'ennuie, même à re-garder, sur la place des Terreaux, le magnifique, fort grand et fort ancien Palais des Arts, et surtout à voir l'obélisque Carnot avec ses froides allégories de Cronstadt et de Tou-lon. J'aime mieux contempler tout à côté, avec ce je ne sais quoi d'émotion qui vous prend à la vue des lieux fatidi-ques, la Bourse d'où Carnot se rendait au théâtre lorsqu'il fut assassiné. Le chemin du théâtre fut-il pour cet homme le chemin du ciel ? Espérons-le, puisqu'aussi bien, par une disposition de la Providence infiniment miséricordieuse. sur ce chemin. l'absolution d'un archevêque vint à lui.

Après plusieurs circuits. nous arrivons au Jardin public dont la grille est précédée d'un monument élevé aux soldats. morts en défenseurs de la patrie. lors de l'année terrible. Dans le parc. voici tout d'abord un lac d'une vaste étendue alimenté par les eaux du Rhône. puis les animaux et plantes rares. inséparables de tout Jardin public qui se respecte. Je n'insiste pas. Vous connaissez. ma cousine. aussi bien que moi. les éternels singes devant lesquels se pâment d'éternels badauds.

D'ailleurs ce Jardin public est intéressant par autre chose que les félins qui l'habitent ou les essences étrangères qui l'agrémentent. Il me fait penser au Jardin des Plantes dont parle Chateaubriand en ses *Mémoires d'Outre-Tombe*. établi sur les ruines de l'antique amphithéâtre lyonnais. et dans les jardins de l'ancienne abbaye de la *Déserte*. C'est dans cette abbaye que s'écoula la première enfance de cette Juliette Récamier dont vous avez vu certainement le portrait de Gérard. reproduit ces temps derniers par les *Lectures pour tous* et la *Vie heureuse*.

Ce n'était pas une femme à l'esprit transcendant. mais elle avait du jugement. de la finesse. une conversation agréable. un charme et une bonté souverains qui lui attirèrent bien des sympathies dont jamais elle ne mésusa.

Son salon fut l'un des plus brillants du siècle. Y fréquentèrent Chateaubriand. madame de Staël. La Harpe. Jean-Jacques Ampère. le bon Ballanche. Camille Jordan. le duc de la Rochefoucauld-Doudeauville. Sainte-Beuve, Quinet. l'abbé Gerbet. etc. Lasse du monde, madame Récamier se retire à l'*Abbaye-au-Bois* ; le monde l'y suit. Auprès d'elle, Chateaubriand surtout, qui lui avait voué une vive amitié, vint essayer de distraire sa perpétuelle mélancolie.

Les affections très grandes qu'elle suscitait auraient été des dangers pour d'autres que madame Récamier. Elle sut, en femme vertueuse et habile, éteindre les passions et conserver les amitiés. Elle se garda blanche, blanche comme ces robes Directoire immaculées qu'elle aimait à porter ; et d'elle Sainte-Beuve a pu écrire cette phrase suave : « Son cœur en était resté à ce tout premier printemps où le verger est couvert de fleurs blanches et n'a pas de feuilles encore. »

Nous avions quitté le Jardin public depuis longtemps, que je me répétais, avec délices, cette phrase que j'admire. Et c'est pourquoi je n'ai donné qu'une attention bien distraite à l'église de la Rédemption dont les vitraux cependant m'ont fait une impression de beauté fine, à la préfecture, belle avec ses trois pavillons, à l'hôpital ancien et vaste situé à côté du pont de la Guillotière, et qui, sur un assez long parcours, longe le Rhône sur la rive droite. Je reviens entièrement à moi à la voix de mon cher oncle m'avertissant que nous sommes sur la place Bellecour. Nous examinons ensemble une statue équestre de Louis XIV, élancée et vivante, puis évoquons les tristes souvenirs que cet endroit rappelle. Car c'est ici qu'en 1793, le cul-de-jatte Couthon, pour punir la cité lyonnaise d'avoir été fidèle à son Dieu et à son roi, frappa d'un marteau d'or les façades condamnées. Et bientôt, par une vengeance stupide, tombèrent les maisons de Bellecour. Au reste, la fureur en même temps que sur les êtres inanimés s'acharnait sur les humains, et simultanément fonctionnaient, à Bellecour, la pioche des démolisseurs, et sur la place des Terreaux, le couperet de la guillotine.

Mais de nouveau le cocher fouette son haridelle. et nous allons vers Saint-Nizier. ancienne église. curieuse avec sa demi-coupole et ses deux clochetons ogives sur sa façade à trois portes. son horloge de 1684, ses trois nefs, ses voûtes aux arceaux gracieusement enchevêtrés, sa chaire moderne bien ouvragée. ses belles orgues nouvelles, et ses fonts baptismaux où la grâce. sous la forme d'un rayon, descend naïve sur la tête d'un enfant.

Tout cela est intéressant, intéressantes surtout les deux statues en bronze représentant saint Pierre et saint Paul, placées dans la nef principale. tout à fait à l'entrée. Je vous donnerai, dans quelques instants. la raison d'être de ces statues : par la pensée nous reviendrons à Saint-Nizier. Pour le moment allons à la vieille église romane d'Aisnay (vers laquelle nous reviendrons pareillement) qui. sans souci aucun de charmer les visiteurs. étale. plutôt sévère. ses cinq nefs vieillotes. Nous examinons encore Saint-Georges. église récente à trois nefs dont la svelte hardiesse est pleine de grâce. Cette église est la dernière visitée. Après avoir laissé notre cocher. dont la bête demande grâce. nous prenons non loin de Saint-Jean. le tram-funiculaire des Minimes (la ficelle. comme on l'appelle là-bas) et revenons au Séminaire.

L'heure du souper n'est pas encore sonnée. Seul dans ma chambre. je vais par la pensée à cet hôpital de l'Antiquaille dont je vous ai parlé en ma dernière lettre. Accompagnez-moi. ma cousine : la promenade est triste. mais salutaire. Pénétrons à l'intérieur de l'établissement. puis descendons l'escalier qui mène à la salle ronde et basse. éclairée par des lampes de couleur ; allons aux cachots où furent enfermés, au IIe siècle, de glorieux confesseurs du Christ.

C'était sous Marc-Aurèle. Cet empereur se piquait de sagesse et de modération. Mais, comme de nos jours pour certains personnages, la sagesse et la modération conduisaient alors parfois aux pires excès. Sous Marc-Aurèle le doux, la persécution sévit avec rage.

Toutefois, avant que d'être jetés en ces cachots obscurs et étroits dont nous foulons le sol sacré, les chrétiens furent en proie à toutes sortes de vexations. On leur interdit l'entrée des bains et du forum, et de se montrer, sous peine de mort, quelque part que ce fut. Au IIe siècle, les catholiques étaient hors la loi, comme ils le sont au XXe, en France.

On n'a pas encore, que je sache, convaincu de crime les persécutés d'aujourd'hui. Ceux d'alors avaient-ils au moins à leur charge, des forfaits qui expliquassent la rage insensée avec laquelle on se rua sur eux. Pas davantage. On les accusait gratuitement de débauches ignobles, eux qui avaient pour présider à leur vie, les paroles du Sauveur: « Un simple regard de concupiscence est un adultère consommé dans le cœur. » Et pendant ce temps, leurs accusateurs se prosternaient devant un Jupiter vingt fois incestueux, et vénéraient dans la plus grande des divinités antiques, les infamies qu'ils reprochaient aux chrétiens.

D'ailleurs, ces crimes dont il accusaient faussement les autres, ils les perpétraient quotidiennement. « Leur brutalité ne respectait ni l'âge, ni le sexe, ni les droits sacrés du mariage. »

Et ils reprochaient encore aux chrétiens, ces hommes vertueux, des festins sanguinaires qui rappelaient ceux de Thyeste. Ils n'eurent, il est vrai, aucun témoin pour appuyer ces faits. Il est vrai encore de dire que bien loin de donner prise à ces calomnies, les chrétiens s'abstenaient d'assister aux combats des gladiateurs et autres exercices sanguinaires. Mais que leur importait à ces païens antiques, qui, à l'instar de nos athées modernes, possédaient le mot de justice sans en avoir la notion et encore moins la pratique. « J'accuse », tel était leur mot fameux, identique à celui qui, de nos jours, a été proféré par la bouche de Zola et écrit par sa plume ordurière. Braves gens, vos accusations sont ineptes. Elles ne tiennent pas debout. Et puis, avant que de charger faussement les autres, cherchez donc à alléger votre conscience lourde de forfaitures et à vous corriger — « J'accuse, j'accuse. » — O stupidité et méchanceté humaines dont Dieu seul, au jour des suprêmes justices, pourra mesurer l'aveuglement volontaire et la profondeur effrayante.

Et les chrétiens, après avoir vu leurs maisons pillées, furent traînés, couverts d'injures et de coups par la populace toujours bête et méchante, au forum qui se dressait sur la colline de Fourvière (*forum vetus*). Ils furent interrogés au milieu d'une cohue indescriptible, avouèrent qu'ils étaient disciples du Christ, et furent mis au cachot jusqu'à l'arrivée du *præses*. Ce *præses* était un magistrat aux yeux duquel, sans doute, on avait fait miroiter de l'avancement, car il fut d'une injustice répugnante. Sur son ordre, les chrétiens furent reconduits en prison, cette prison où nous sommes descendus par la pensée, en attendant le jour du supplice.

Il vint enfin ce jour de défaite apparente, mais en réalité de triomphe pour les disciples du Christ. Endurée pour Dieu, la mort n'est pas une défaite : elle se change en sublime victoire « dont la palme est aux cieux.»

5

Ils furent quarante-huit dont l'histoire nous a conservé les noms. Bien que leur fin à tous soit admirable, vous la raconter serait abuser de vos instants et d'une horreur monotone. Je ne vous dirai même pas ce saint évêque de Lyon, Pothin, presque nonagénaire, accablé d'infirmités et qui, porté au tribunal, provoqua, par la fermeté de ses réponses, la fureur de la multitude païenne qui se précipita sur lui et l'accabla de blessures.

O mansuétude d'alors, vous n'eûtes point, au cours des siècles, de rivale, si ce n'est peut-être la douceur avec laquelle certains agents contemporains, entre autres Mœrdès au beau nom, mirent de saintes filles à la porte des couvents d'où elles faisaient rayonner sur le monde qui en a tant besoin, un peu de véritable amour.

Le vieillard Pothin qui par son grand âge et sa vertu éminente, méritait un tout autre traitement, est jeté dans un cachot où il expire quelques jours après.

Mais encore une fois, je ne veux point m'arrêter à lui, bien qu'il soit évêque et d'une très haute sainteté. Il me plaît davantage de vous parler de cette petite Blandina qui, par sa courageuse conduite, étonna le monde païen, et suscita l'admiration des disciples du Christ. Ces derniers craignaient pour elle les violences de la torture. Elle était si frêle, si jeune, la petite Blandina ! Toutefois dans un corps d'une délicatesse extrême, elle montra une sublime énergie. Elle aimait tant le Christ dont elle avait ouï parler, ce Jésus si doux aux pauvres et aux déshérités ! L'amour divin dont son âme était remplie lui donna la force de supporter sans se plaindre les tourments dont, sans trêve, un jour durant, les bourreaux l'accablèrent. A chaque souffrance nouvelle, elle se contentait de dire : « Je suis chrétienne ! ».

et dans cette simple profession de foi, la petite martyre puisait un courage incomparable.

« Je suis chrétienne ! Je suis chrétienne ! » Ce furent sans doute ces mots qui, un peu plus tard, préservèrent Blandina exposée dans l'amphithéâtre, à la fureur des bêtes. « Je suis chrétienne ! » disait-elle ; et les fauves, avec des délicatesses pleines de gaucheries, venaient lécher les pieds de la jeune fille. Elle, cependant, attachée à un poteau, les bras en forme de croix, les yeux au ciel, priait avec ferveur. Son jour n'était pas venu. Elle devait être la dernière fleur cueillie pour composer cette couronne si belle des martyrs lyonnais au IIe siècle.

Il vint enfin le jour où la petite fleur fut cueillie. Au milieu de l'arène dont je vous ai déjà indiqué la place, non loin de l'école des Minimes, on avait dressé un autel païen. On voulut contraindre Blandina et un jeune chrétien de quinze ans, Ponticus, à sacrifier aux dieux. Ils refusèrent avec un beau geste de mépris. Alors ce furent des tortures affreuses, dont Ponticus, le premier, fut la victime, et à la suite desquelles il expira. Quant à Blandina, elle fut flagellée, exposée aux bêtes, livrée au supplice de la chaise de fer, finalement roulée dans un filet et présentée ainsi à un taureau furieux qui, à plusieurs reprises, la lança dans l'arène. Impassible, bien plus, heureuse au milieu de ces tourments, la petite sainte, affectueusement, s'entretenait avec son Dieu : et, lorsque l'épée du confecteur vint trancher son cou délicat, ce fut bien sans doute la cessation de la vie terrestre, mais non la cessation de l'hymne d'amour entonné par la sainte en son supplice, et qu'elle alla continuer au ciel, mêlée aux vierges blanches, beaux lis vivants qui entourent l'Agneau et le suivent partout où il va.

Ils ont triomphé, les martyrs, et la populace, toujours

bête et méchante, je l'ai déjà redit, furieuse de leur constance, se précipite sur les restes sacrés et les met en mor-
ceaux. Ces outrages et cette exhibition odieux durèrent six
jours. Puis les précieuses dépouilles, horriblement muti-
lées, furent placées sur un bûcher. Afin d'empêcher Dieu
d'opérer la résurrection de ses serviteurs fidèles, les païens
jetèrent au Rhône les cendres de ce bûcher. Pauvres gens
qui mesuraient la Toute-Puissance à l'étroitesse de leurs
cerveaux !

Et voici qu'après les bêtes sauvages, les éléments furent
plus doux aux martyrs que les hommes. Jetées dans le fleuve, non loin de l'endroit où s'élevait un temple à la divinité de l'empereur Auguste, dont il ne reste que quatre colonnes supportant le cœur de l'église actuelle d'Aisnay que
je vous ai déjà brièvement décrite, les cendres des défenseurs du Christ se rassemblèrent pour la plupart en de petites anses. Les eaux du Rhône, de tumultueuses devenues
très douces, les y avaient portées avec précaution. La piété
des fidèles les recueillit, puis les transporta sous l'autel de
l'église de Saint-Nizier, alors sous le vocable des saints
Pierre et Paul, ce qui explique les statues de ces deux apôtres dont, plus haut, je vous ai dit un mot.

Il fait bon, ma cousine, parler des martyrs amis du
Christ, et c'est pourquoi il m'agréerait de vous entretenir
un peu des dix-neuf mille hommes qui, dans cette même
ville de Lyon, au III⁰ siècle, ayant à leur tête saint Irénée,
endurèrent la mort pour le divin Maître. Leurs ossements,
indignement outragés par les protestants du XVI⁰ siècle, reposent nombreux dans un caveau de l'église paroissiale
Saint-Irénée.

Mais, j'ai été bien trop long. L'heure du souper est
passée, et, au Séminaire, on n'aime pas les retardataires. O

les rêveurs qui ne pensent plus à manger ! Vite. vite, à table : puis. en tram pour la gare Perrache.

Nous frôlons sur le quai la foule des pèlerins. Munis de nos livrets et billets, nous montons dans le compartiment qui nous est assigné. Le train s'ébranle. La ville et les rives de la Saône superbement illuminées s'enfuient rapidement. En même temps que Lyon aux grands et beaux souvenirs, je vous quitte, ma cousine.

A Dieu. Demain matin, nous nous réveillerons en Italie.

Septième Lettre

Ma Cousine,

Les mille lumières de la grande ville semblent encore tout au plus de petits vers luisants piqués à profusion au bas et au flanc de la colline obscure de Fourvière : puis, bientôt, plus rien. La nuit envahissante a repris tous ses droits.

Il fait noir. noir......... Mais s'il fait noir au dehors. il fait clair et beau en nos âmes. Notre cœur est en fête. Rome plus que jamais nous chante sa douce chanson. Et le train file. cependant que ses saccades régulières et les sifflets de sa locomotive fournissent je ne sais quel accompagnement à notre hymne de joie.

Nous jouissons quelques minutes, puis. faisons connaissance avec nos compagnons de voyage. Ce sont des prêtres.

Quelques-uns, les plus vieux, sont curés ; les autres, vicaires ou professeurs.

Au bout de quelques minutes, la conversation devient des plus animées et des plus intéressantes. Après chant grégorien, l'on cause littérature, œuvres sociales, journalisme, tant et si bien que Bourgoin, La Tour du Pin, St-André le Gaz sont dépassés sans qu'on ait même entendu leur nom, jeté par l'employé, retentir dans la nuit. La discussion continue vive quelques minutes, puis, insensiblement, non par disette d'arguments, certes, mais sous l'influence du calme apporté par le soir et de la fatigue décroît et cesse enfin. Comme nous entrons dans Chambéry, le silence le plus complet règne dans le compartiment. De cette ville nous ne voyons rien, si ce n'est un peu la gare, et, grâce aux becs de gaz qui s'échelonnent le long des rues avoisinantes, quelques façades de maisons.

Puisque nous ne pouvons l'apercevoir, cherchons tout au moins à recueillir, pour en récréer nos esprits, les souvenirs qui planent sur cette cité bâtie au pied de montagnes qui, à cette heure, monstres informes, la menacent, l'écrasent de leurs masses gigantesques.

« Qu'est-ce que Chambéry sans Jean-Jacques Rousseau ? Ciel sans rayons », a dit quelque part Lamartine. Mettons que le grand poète ait raison, et pendant que notre train, remorqué par deux locomotives haletantes, gravit entre des talus élevés la route ferrée qui conduit au Mont Cenis, par la pensée, allons aux Charmettes.

C'est un village à une demi-heure de la ville. Le paysage est charmant, et Rousseau l'a décrit en termes immortels. Mais je n'ai cure ici ni « du petit vallon au fond duquel coule une rigole », ni de la maison, ni du jardin en terrasse, ni du petit bois de châtaigners, ni de la fontaine.

ni du chemin rocailleux qui conduit à l'habitation du philosophe bien qu'il soit agreste, paraît-il, et bordé de haies
fleuries, au printemps, de pervenches, de véroniques, d'au-
bépine, de violettes et de géraniums des bois. Faisons effort. Pour le misanthrope de Genève laissons la nature toute belle.

Rousseau, en compagnie d'Eléonore de Warens, vint
s'établir aux Charmettes comme l'été de 1736 prenait fin.
Rousseau, vous le savez, c'est le grand corrompu et le grand
corrupteur. C'est peut-être bien un fou de grand genre,
comme l'a intitulé Ballon, mais ce n'est qu'un fou, et un
bien triste sire. Quant à la de Warens, c'était une créature
faite, semble-t-il, exprès pour notre homme, à la fois dévote et philosophe, vertueuse et débauchée, pleine de sensi-
bilité et pétrie d'inconséquences.

Nos deux tourtereaux restèrent quatre ans aux Charmettes. Mais, silence. Voici Jean-Jacques qui prend en
main la guitare, pour chanter, sur un mode niais, sa pré-
tendue félicité. Cieux, écoutez et voilez-vous la face. Jamais, peut-être, vous n'entendites semblables mensonges et
semblables mièvreries. « O maman ! dis-je à cette chère
amie en l'embrassant et l'inondant de larmes d'attendrisse-
ment et de joie, ce séjour est celui du bonheur et de l'innocence....... Je me levais avec le soleil et j'étais heureux : je me promenais et j'étais heureux : je voyais maman et j'étais heureux. » Oh ! cette maman, la de Warens,
qu'elle est suave, et cette innocence, l'innocence de Rousseau, qu'elle est belle !

Voici la fin de cette idylle gracieuse comme une per-
venche des Charmettes, et pure à l'égal d'un glacier des
Alpes. Au bout de quelque temps, Rousseau fatigué va à

Montpellier se faire soigner. et. sur son chemin. rencontre
madame de Larnage. Il oublie la bonne « maman ». Il s'en
souvient enfin, revient à la hâte à Chambéry. Hélas ! la
bonne « maman » l'avait oublié aussi. Elle était avec un
certain chevalier de Courtilles qui du chevalier n'avait pas
plus que moi. Le misanthrope. ayant un nouveau sujet
d'aigreur contre les hommes. partit furieux des Charmettes
et n'y revint plus.

Voilà ce qui se passait en ce « séjour de bonheur et
d'innocence » ! Et un *bonheur* et une *innocence* analogues
continuèrent pour nos deux amis. Après avoir établi une
fabrique de savon (ô poésie des Charmettes !) à Chambéry.
et après des aventures (toutes d'innocence. il va sans dire).
madame la baronne de Warens. « cette charmante et digne
femme ». traîna. quelques années, une vie misérable dans
un misérable faubourg de la ville, puis enfin mourut. couverte encore d'innocence. Quant au vertueux Jean-Jacques.
après avoir fait mettre ses enfants à l'hôpital. il finit glo-
rieusement à Ermenonville. dans un accès de folie.

Et maintenant. littérateurs modernes. appelez les
Charmettes un « lieu de pèlerinage. » Dites que c'est un
musée puisqu'aussi bien on y trouve la chapelle (au temps
de Louis XV et de la Pompadour. ces petites chapelles où
le vice allait prier étaient fort à la mode) rendez-vous pieux
du candide Jean-Jacques et de la dévote de Warens. et des
portraits et objets ayant appartenu à ces deux personnages.
Bien que Lamartine et Julie soient allés faire leurs dévotions
aux Charmettes, je ne puis m'empêcher de dire que ce « lieu
de pèlerinage fut un abominable lieu. Je sais bien qu'il y a
les admirateurs quand même. Mais de ceux-là qui de Rousseau admirent la vertu. je me moque tout autant. sinon plus.

que de ces deux vers empoulés de Hérault de Séchelles sur le sire des Charmettes :

Contemplons, au flambeau de la philosophie,
Un grand homme et l'humanité.

Un grand homme. juste ciel ! Quant à cette humanité. malgré le flambeau de la philosophie promené par Hérault et ses comparses. je ne l'aperçois guère.

Oh ! comme je préfère à ce grand immoral et à ce grand fou, cette autre gloire de Chambéry, pure. celle-là. comme une source des Alpes : Joseph de Maistre. Plus que Rousseau. c'est le penseur éloquent ; contrairement à Rousseau. c'est le défenseur juré des droits de la vérité. Et si nous cherchons dans cette vie toute d'austérité et de travail. nous ne trouverons pas, je vous assure, une de Warrens. Nous rencontrerons des figures de grâce et de vertu comme cette Constance de Maistre à laquelle son père Joseph écrivit de si jolies lettres, et encore ce Xavier de Maistre dont vous connaissez certainement le " Voyage autour de ma chambre ", moins profond que son frère. plus gracieux que lui. son inférieur. certes. mais pas plus déplacé à ses côtés que ne l'est la douceur juxtaposée à la force. Et l'artiste a merveilleusement compris cela. qui. sur une place de Chambéry. a représenté dans le même marbre dont il me souvient d'avoir vu l'image. Joseph, grave, songeur. burinant sans doute l'immortel portrait de Voltaire ou donnant réponse à l'énigme de la souffrance, cependant qu'au-dessous. délicat. candide, Xavier, avec amour, admire son ainé.

· ·

Modane ! Modane ! Quoi déjà ! Je sors de ma rêverie. mes compagnons de leur sommeil. Nous descendons. heureux de nous dégourdir les jambes. Des douaniers français vérifient nos bagages secondés par des douaniers italiens qui, sous leur costume pittoresque, ressemblent plutôt à des brigands..... des Abruzzes, sans doute. Une demi-heure durant nous allons sous les roches gigantesques du Cenis. Le 22 septembre, à 3 heures, nous pénétrons sur le territoire italien.

Salve magna parens frugum, saturnia tellus.... Après Virgile, je veux y aller moi aussi de mon hymne à l'Italie.

O Italie... Italie... Je cherche la suite de ce chant triomphal. Je voudrais célébrer un soleil riant, un ciel d'azur : trouver quelque ritournelle poético-romantique. Heureusement, mon inspiration manque d'objet.

Du soleil, ma cousine, ce matin-là, près de Torino, pas plus que dans le « Contrat social » du sire Rousseau ; de l'azur, autant que dans l'âme de la de Warens (Eléonore !). Quant au brouillard que je n'avais point songé à chanter, il régnait en maitre, et, sur les longues lignes de peupliers, jetait ses tristes voiles.

Je ne suis pas content du tout et laisse là mon hymne à l'Italie. Je me console à la pensée que les beautés de Turin me dédommageront amplement de cette première déconvenue.

Comme quoi il n'en fut rien, et comme quoi mon rapide séjour en cette ville ne fut qu'une suite de tribulations, c'est ce que je vous montrerai en ma prochaine lettre.

A Dieu, ma cousine.

Huitième Lettre

Ma Cousine,

Je veux à toute force visiter Turin. et parce que mon excellent oncle me semble trop long à se décider. je l'abandonne, et seul, très vite. m'éloigne de la gare Porta Nuova. Des conducteurs de tram me chantent leur invitation. Je reste sourd à leurs prières, et, encore dédaigneux. arrive sur la place Charles Félix : *piazza Carlo Felice*. De là. sur les indications de mon guide, je prends la *via di Roma* et je regarde. à droite. à gauche, les maisons élevées, de couleur rougeâtre. dont les balcons. vu l'heure matinale, se bariolent de tapis éclatants. Tout d'un coup. une inquiétude me vient. Suis-je encore dans la *via di Roma*. Hélas ! non . Je cherche sur le guide le nom de ma rue que je viens de déchiffrer à un carrefour. Impossible de le trouver. Je suis un peu dépité.

Une femme se présente. traînant après elle deux marmots qui pleurent. Je lui demande ma route. Elle m'éclate de rire au nez. — Comment. madame. comment. est-ce ainsi qu'en Italie sont observées les lois de cette urbanité autrefois en honneur à Rome. — Elle rit plus fort. presque aussi fort sans doute que les dieux de l'Olympe antique. lorsque. de l'empyrée. ils contemplaient les mésaventures des pauvres mortels. Les deux gamins. gagnés par l'exemple, sèchent subitement leurs pleurs et font chorus avec leur mère. Ces gens se moquent de moi. et c'est justice. puisqu'aussi bien. dans ma requête, je n'ai oublié qu'une chose, mais essentielle : l'ignorance de la langue française par les habitants de Torino.

Une église s'offre pour abriter ma déception. A grand renfort de chants sonores et de pleurs retentissants, au milieu d'un décor funèbre à l'excès, rendu encore plus macabre par les lueurs incertaines des cierges qui se projettent sur les tibias et les crânes d'argent des tentures, le clergé du lieu, très animé, très rouge, procède aux cérémonies d'un enterrement.

Je m'éloigne, plutôt maussade, et, après quelques courses à l'aventure, arrive finalement sur le Corso Emmanuel II. Je trouve ce nom sur mon guide. Soulagé, je regarde à loisir la statue monumentale d'Emmanuel II, puis, à l'horizon, vers l'ouest, les montagnes bleues au pied desquelles Torino s'étend. Mais le temps passe. Un dernier coup d'œil aux rues larges et régulières, aux maisons rouges ornées de balcons, et je me dirige vers la gare.

— Eh bien ! me dit mon cher oncle quand nous nous sommes retrouvés dans notre compartiment, as-tu vu la cathédrale et le Saint Suaire.

— Hélas ! non : je les ai cherchés, mais ne les ai point trouvés.

— Comment, tu n'as pas vu le Saint-Suaire ! Mais alors, qu'as-tu vu ?

Pas du tout soucieux, pour le moment, de raconter les moqueries de l'Italienne et l'enterrement de tout à l'heure, je réponds évasivement : « Oh ! beaucoup de belles choses. »

Je le sens, je vais être obligé d'avouer mes déconvenues. Le paysage vient à mon secours. Regardez donc, ô mon oncle, regardez, je vous en prie. Il regarde. Je suis sauvé. Le spectacle d'ailleurs en vaut la peine. Sur notre gauche, de ravissantes collines se succèdent. Elles sont ombreuses, et, sur leurs flancs, à côté des vignes pressées en masses noirâtres, se dressent de coquettes villas à péristyles, splendides dans la gloire matinale, sous le premier baiser du soleil.

Bientôt voici Villa Franca. Asti dont les vins mousseux ont un parfum de violette. Subitement le paysage change : les collines, sans doute pour nous faire plus large la route vers Rome, se sont éloignées. A distance respectueuse, elles courent parallèlement avec nous. A nos côtés s'offrent des plaines cultivées et des prairies.

Oh ! les jolies petites maisons roses aux volets verts, disséminées dans la vaste étendue qu'argente, par endroits, le feuillage des saules et des muriers. Tenez, voici des peupliers superbes dont les branches tombent plaintives sous les coups de l'émondeur. Ailleurs, les gens sont dans les champs. Toute la famille travaille, même les tout petits dont la frimousse éveillée et rose éclate au milieu des loques dont ils sont couverts. Les prés sont fauchés, et l'herbe, emperlée et brillante de rosée, est épandue par des gas alertes et des jeunes filles dont les robes bleues et le tablier rouge jettent dans le paysage une note criarde et pittoresque.

Nous arrivons à Alexandria, ville bâtie en briques et dont les églises dressent dans le ciel leurs curieux clochers carrés. A peine sommes-nous descendus que déjà les employés très rogues courent sur le quai et s'époumonent à crier le traditionnel " partenza » auquel répond le non moins traditionnel « pronti ». Nous partons. Un prêtre manque dans notre compartiment. Nous regardons vers le quai. Les Italiens moqueurs y contemplent, en se frottant les mains, ces satanés Français (notre compagnon et beaucoup d'autres), petits-fils des vainqueurs de Marignan et autres lieux, qui, d'un peu partout, les pauvres, arrivent haletants, angoissés, juste pour voir notre train se lancer à toute vitesse.

Ne nous occupons plus de ces étourdis qui nous rattrapperont à Gênes où nous avons trois heures d'arrêt. Continuons à ouvrir bien grands les yeux et à les emplir de ces visions fugitives et délicieuses qui, tout à l'heure encore, surgissant de tous côtés sur la terre italienne, nous charmaient.

Après avoir dépassé Novi où Joubert fut tué, le paysage se modifie. Les Apennins, qui fuyaient il y a un instant, se sont rapprochés. Ils nous enserrent de leurs flancs où, par endroits, des rochers, pensons-nous, forment une pelure blanche. A nos pieds, un torrent aux eaux rares clapote sur les cailloux de son lit à demi découvert. Il n'est pas grandiose, ce torrent, mais si gentil en sa gracilité, que sur ses rives ont désiré s'établir nombre de petits bourgs aux clochers en forme de minarets, et qu'à la fraîcheur de ses eaux ont voulu croître les châtaigners et les vignes dont nous admirons la belle végétation.

Aux environs de Rongo, nous apercevons, perché au faîte d'un pic sauvage, un château dont le pittoresque nous fait penser au château de Neuschwanstein, l'une des habitations pittoresques, grandioses, enchantées, de ce pauvre fou de génie qui avait nom Louis II de Bavière. Et malgré moi, ma cousine, je m'attarde au souvenir de cet infortuné monarque, remarquablement beau, fort intelligent puisqu'à dix-huit ans il comprenait Wagner dont il se grisa jusqu'à la démence, et qui, oublieux des devoirs de sa charge, uniquement occupé d'art et d'extravagances, promena sa folie des grandeurs dans les sept châteaux fabuleux qu'il avait fait construire en puisant à pleines mains dans le trésor public.

Et vous savez, comme moi, la fin lugubre de cette étrange existence : la déchéance du roi, sa réclusion au château de Berg, le 11 juin 1886, et, le 13 au soir, la découverte de son corps dans les eaux du lac. Ainsi passe la gloire humaine.

Pendant ces réflexions, notre train a poursuivi sa marche. Pour l'heure, nous traversons alternativement des viaducs rougeâtres et des tunnels très courts. Les gorges que nous découvrons ressemblent à celles de Cauterets. Toutefois, les monts sont moins boisés, et, sur leur terrain, les habitants, le plus qu'ils peuvent, empiétent pour la culture. Apparaissent de nouveau, disséminés dans les vallées, des clochers à tours carrées roses, surmontés d'un dôme noirâtre, et de temps à autre, de belles habitations isolées au penchant des montagnes. Les maisons deviennent plus fréquentes à mesure que nous approchons de Gênes. Leurs petites fenêtres sont closes, mais des volets, pendent sur la rue ou le jardin, toutes sortes de linges dont certains d'une couleur plutôt suspecte. Que voulez-vous ? C'est un peu ici comme en Auvergne : on n'est pas difficile pour la « propreta ». Encore quelques minutes et nous arrivons à Gênes.

En même temps que la locomotive de notre train, puisqu'aussi bien je dois vous être autant fastidieux par mon bavardage qu'elle nous l'était par son sifflet aigu et ses gémissements perpétuels, je m'arrête, ma cousine, et vous dis : à bientôt et à Dieu.

NEUVIÈME LETTRE

Ma Cousine,

Dédaigneux de Gênes la superbe qui, les pieds paresseusement étendus jusqu'en la Méditerranée, la tête couronnée de montagnes, la poitrine resplendissante d'églises et de palais de marbre, s'offre à l'admiration, à moitié endormie pour sa sieste de l'après-midi, nous nous occupons (ô prosaïsme de la vie !) de satisfaire l'appétit, qui, depuis un moment, nous tiraille l'estomac.

Le déjeuner, par les soins de l'Agence, doit être servi au buffet de la gare. Les pèlerins y pénètrent. Rien n'est encore prêt. Désappointement général — Messieurs, explique le représentant de l'Agence, notre train est arrivé un quart d'heure à l'avance. Veuillez patienter — L'on patiente, puis, comme les préparatif n'ont pas l'air d'avancer, l'on s'impatiente.

Cependant le personnel trop restreint s'agite autour des tables. Ce sont des Italiens, des frères de ceux qui, à Alexandria, se moquaient de nos compagnons en retard. Des estomacs vides montent aux têtes échauffées des vapeurs belliqueuses. Un murmure hostile emplit le vaste hall : puis, dominant le tout, éclatent, tels des pétards dans une cohue, des mots pleins d'aigreur. Dans un coin de la salle, un ecclésiastique, précurseur de Gapony, prêche avec animation la révolte, non contre le tsarisme, certes, mais contre le marmitonisme génois. Entre les tables, une jeune pèlerine circule, le béret sur la tête, les yeux animés, pleine de grands gestes et de paroles amères. Elle déclare la guerre à tout ce qui, d'un mouvement trop tardif, s'est agité autour des fourneaux et des pots. Cette jeune personne qui se démène comme un marsouin dans les eaux génoises. (excusez la comparaison. mademoiselle) laisse dans son sillage des miasmes révolutionnaires. Plusieurs se lèvent. très excités. Un jeune homme rouge. gros et court. s'exhausse sur la pointe de ses bottines. D'une voix qu'il tâche de rendre vibrante. il dit son indignation de perdre une heure. à attendre un déjeuner qui ne vient pas. Ce petit brandon incendiaire lancé, il se retire de la salle. l'air très digne, très offensé. et va manger ailleurs. D'aucuns le suivent. Les garçons veulent les retenir : Signor. signor. crient-ils. Ils sont très mal reçus. Le mécontentement se tourne contre eux. Ils s'éloignent couverts de reproches. de quolibets. se demandant avec effroi s'ils ne vont pas avoir à expérimenter les effets de la fameuse *furia francese.*

A nouveau. le représentant de l'Agence veut intervenir. Comme cet homme les a déjà mystifiés, les pèlerins ne veulent plus l'écouter. Chacun. à qui mieux mieux. se répand en paroles acrimonieuses. Cependant les partisans du calme sont ennuyés de ce brouhaha qui n'avance en rien les choses. Ils soupirent depuis un moment après le salut qui leur vient enfin sous la forme de deux énormes soupières suivies de beaucoup d'autres. O prodige ! o miracle ! A la vue de ces deux récipients qui contiennent réalisées. en leurs flancs sans grâce. les élucubrations plus ou moins saugrenues des marmitons génois, le tumulte qui n'aurait point cédé sous l'effort de l'éloquence la plus entraînante. s'apaise comme par enchantement. Tout se tait. et profitant de ce bienheureux calme, les cuillers se mettent à chanter. au contact des assiettes, leurs chants argentins que bientôt accompagnent. en sourdine, des conversations paisibles et des rires modérés. Garçons. mes amis, vous pouvez revenir. Ne nous regardez donc pas ainsi de travers. Soyez sans crainte. De la *furia francese*, il ne reste plus rien. La *furia francese*, elle s'est enfuie au plus vite devant vos prestigieuses soupières. Et maintenant, adieu. Nous allons tâcher de rattraper le temps précieux que vous nous avez fait perdre par vos désespérantes lenteurs.

Nous nous mettons en route pour le Camposanto. Chemin faisant, nous saluons la statue monumentale de Colomb. Gênes possède aussi une statue de Giuseppe Garibaldi. Colomb, Garibaldi, deux noms dont le premier est auréolé de la gloire la plus pure alors que le second brille des lueurs douteuses de la réputation. Colomb, c'est le brave marin qui, après des difficultés sans nombre, dota le monde d'un continent nouveau ; Garibaldi, c'est le chef sans vergogne des « chemises rouges » qui, avec une rage satanique, se rua sur l'Eglise et la Papauté. « Or Dieu, a très bien dit Ernest Hello, laisse, pendant qu'il dort, se faire les réputations. Quand il se réveille, il fait apparaître des gloires..... La gloire est la patrie de l'aigle. Le domaine des réputations est le champ plein de fumier où les insectes, symbole de la pourriture, se vautrent, se battent et se dévorent. »

Nous passons devant l'église de la Conception à la façade en marbre poli, finement sculpté, et visitons l'église de l'Annonciade : chiesa della Nunziata. Nous en admirons la façade grecque aux gros piliers de marbre blanc, puis les trois nefs d'intérieur : les murs sont d'or et de marbre, et les voûtes sourient pleines de peintures élégantes et vives. A l'allure rapide du tram, sans plus nous attarder aux autres curiosités qui pourraient nous solliciter, nous allons au Camposanto.

Ce cimetière me déconcerte. La mort ne m'y apparaît
pas assez. Ah ! sans doute, je sais que sa figure nous est
bien triste quand elle se présente sous les traits des défunts
qui nous sont chers ; mais, malgré tout, elle a son grand
charme mélancolique. et c'est pourquoi je ne voudrais pas
qu'elle fût, comme à Gènes, écrasée sous la magnificence
des tombeaux. Lorsque vos monuments sont trop riches. ô
pauvres morts, l'on ne pense pas assez à vos restes qui
réclament, lamentables, notre pitié et nos pensées salu-
taires ; lorsque votre dernière demeure est trop belle, ô
pauvres morts. l'on est tenté d'oublier les lieux lugubres
d'où vos âmes éperdues implorent le secours de nos prières.

Je préfère à toutes ces magnificences déplacées les
modestes croix de pierre blanche qui. à l'ombre des
cyprès, entourées de lilas, de giroflées ou d'immortelles,
fleurissent nos cimetières de village. Plus que les marbres
fastueux, elles disent le charme triste de la mort : de préfé-
rence aux personnages allégoriques dont la pose étudiée,
pour trop vouloir dire. ne dit rien, elles chantent le grand
triomphe du Christ ressuscité et la douce espérance en un
monde meilleur. Oui, je les aime, les petites croix. Petites
croix bien simples, au lieu connu de Dieu. recouvrez un
jour ma dépouille mortelle. Petites croix bien simples. de
vos bras accueillants comme les bras du Christ et doux
comme sa tendresse. dans le vent charmeur qui souffle sur
les plaines et les vallons de notre chère France, petites
croix bien simples, un jour. quand il plaira à Dieu. gardez
mon dernier sommeil.

Je n'aime donc pas beaucoup. au Camposanto de
Gènes. le faste des tombes qui s'étalent dans le cloître,
vaste quadrilatère de galeries qui enserre le champ des
humbles sépultures, marquées, elles. seulement. par une

foule de croix et de plaques blanches. Ne m'agrée pas
davantage le vaste monument de marbre à péristyle qui,
précédé de marches, se dresse dominant le tout, face à
l'entrée principale ; et au milieu du Camposanto au lieu
d'une monumentale statue de femme à la tête irradiée d'or,
j'aurais voulu la Vierge Marie, les yeux levés en haut,
comme à Lourdes, mais, de ses mains disjointes, répandant
sur les défunts les richesses que pour eux, largement, elle
serait allée puiser aux trésors du ciel : mérites de Jésus-
Christ, des Saints, ses propres mérites à Elle, la mère de
toute grâce.

Toutefois, ces *desiderata*, que je me permets de formu-
ler, ne m'empêchent point d'admirer pour le reste, le
Camposanto. Sa situation, près de la mer, au pied des montagnes dont les masses s'abaissent vers lui, est tout simplement merveilleuse. Son cloître fait impression par une
sorte de grandeur macabre, et les monuments eux-mêmes,
à qui j'ai reproché de cacher la mort, offrent aux yeux de
véritables beautés. Bien que les coussins, les toilettes, les
rideaux, les cravates, les dentelles, les plis pratiqués à
outrance dans le marbre soient, au dire des connaisseurs,
contraires aux lois de l'art antique, l'on est bien obligé de
constater, dans la facture de ces objets, un remarquable
talent d'ouvriers d'art. D'ailleurs la beauté des poses et des
visages rachète, à mon avis, le trop de fanfreluches étalées
dans le marbre. Une femme en pleurs, jeune et belle, fait
mine de s'éloigner d'un mausolée noir. Et elle semble déjà
marcher, tant son mouvement gracieux est léger, aérien,
si je puis dire.

J'ai vu encore bien des figures exquises de femmes, de
vierges et d'enfants, et des anges éplorés d'une attitude
céleste. Elles possèdent, de manière voilée, mais très réelle

cependant, ce que jamais l'art grec ne nous a offert : l'espérance chrétienne dans les larmes.

A examiner ces beautés, le temps passe plus vite qu'au buffet de Gènes. L'heure du départ est venue. Nous donnons encore un regard au Camposanto. Ses marbres resplendissent sous les rayons du soleil. C'est une fête de lumière blonde et chaude, et les pauvres morts doivent sans doute tressaillir d'aise en leurs froids tombeaux. Qu'ils reposent en paix !

A grande vitesse, le tram nous emporte. Nous voici au port. Sur les eaux bleues, de grands vapeurs en fer se dressent immobiles. Tout autour des tartanes, des balancelles, des mahonnes, plus dociles aux légers caprices du flot, s'inclinent de temps à autre, afin, semble-t-il, de se saluer fraternellement. Sur ces mêmes eaux, se balança peut-être l'esquif d'où Colomb rêveur devina l'Amérique : « Le génie, comme la foudre, entr'ouvre l'horizon » a encore très bien dit Ernest Hello. Giuseppe Garibaldi, bien loin que vos yeux de taupe, habitués aux ténèbres du mensonge et de la haine, aient eu de ces intuitions-là, ils n'ont pu même voir et regarder la papauté dont, pourtant, la beauté morale et la vigueur immortelle éclatent plus brillantes que la lumière. Giuseppe Garibaldi, votre statue de petit soudard au profil de brigand, à côté de celle de Colomb, le grand voyant, le grand pacificateur, le grand homme, me gâte la cité génoise, et je me demande anxieux, si la rage universelle de donner au banditisme et à l'honnêteté, à la grandeur et à la bassesse, les mêmes socles de marbre pour l'immortalité, n'est pas un des signes les plus frappants de la décadence des nations contemporaines, aussi bien de notre France, hélas ! que de votre Italie.

Partenza ! — Pronti ! — En route pour la Spezzia en attendant Civita-Vecchia et Rome.

A Dieu, ma cousine.

DIXIÈME LETTRE

Ma Cousine,

Nous avons quitté Gènes et longeons la Méditerranée. Le soleil bat son plein. Animé par sa lumière, un paysage enchanteur se déroule à nos yeux. Pendant que notre train monte à l'assaut des sommets, malgré quatre-vingt-sept tunnels, (oui, quatre-vingt-sept !) qui nous font une alternance pénible de lumière resplendissante et de ténèbres, essayons un peu de voir.

A gauche, c'est près de nous des villas, joyaux de marbre enchassés de verdure. Détournons nos yeux pour les porter, à droite, sur la mer qui, bercée par le vent, au clapotis de ses vagues formant arpéges, chante son éternel et mélancolique hou hou.

Oh ! mon Dieu ! qu'elle est belle, cette Méditerranée ! Sur son onde tranquille glissent quelques voiles, si petites dans le lointain, qu'à les voir ainsi isolées dans l'immensité, une inquiétude vous saisit. Si elles allaient périr, les petites voiles. Mais non. Le jour est trop beau pour éclairer un désastre. Le ciel est bleu, la mer est bleue. D'innombrables rayons tombent à pic sur les flots. Ils forment, par endroits, de larges taches de feu, et l'imagination émerveillée contemple une terre d'azur semée de lacs d'or. Et lorsque l'œil se détache de ce spectacle pour plonger plus loin. il perçoit, formant le fond de ce tableau, des nuages blancs. fabuleux coursiers qui vont échevelés sur la crête des vagues, pressés par l'aiguillon de la brise marine. Chut! voici qu'un léger bruit s'est fait entendre. Il vient de la terre jalouse de notre admiration. Autour des villas coquettes et sur les collines avoisinantes. les oliviers, les orangers, les citronniers, les lauriers-roses, les palmiers. les cactus, les aloës bruissent doucement au souffle que leur apporte la brise venue du large.

Nos regards s'abaissent tout au pied des hauteurs que nous gravissons. là où. sur les galets, se brisent les petits flots, palpitations dernières des grandes lames écumeuses. A l'extrémité d'une roche de granit sur laquelle vient déferler la mer, une jeune italienne. avec ses trois enfants. se détache sur l'azur de la mer et du ciel. Elle suit du regard une voile qui, au loin. danse mollement sur la vague endormie. Et son cœur est tout entier là-bas. sur la barque où travaille son homme. et les petits l'ont bien deviné, par un secret instinct. puisqu'ils se rapprochent de la maman, s'accrochent à sa robe. et par leurs caresses. réclament la part d'amour que. sans y penser. elle leur avait retirée. oh ! pour un seul instant. et que maintenant elle leur restitue au centuple, sous une véritable pluie de baisers.

La vapeur nous emporte. Le rideau tombe. La féerie est terminée. Nous avons vu, ma cousine. un tableau très humain. un beau sourire de la terre, et ce que monsieur de Hérédia appelle quelque part « le rire éblouissant des flots. »

En face des beautés de la Corniche. nous avons sans doute. tout à l'heure, trop fait l'ange..... admirateur.....

à la Spezzia, par contre, nous faisons la bête en mangeant des sandwichs. Je me souviens, en les arrosant d'un bon petit vin de Chianti, d'une jolie lettre de Georges Sand à sa fille Solange, datée de la Spezzia. Je l'ai relue exprès pour vous, et vous la transcris partiellement.

« Ma chère mignonne, je t'écris perchée sur une montagne, au fond du golfe de la Spezzia. C'est un endroit tranquille et délicieux, un climat très doux et un terrain très praticable pour la promenade..... Je suis assise par terre, sur un sable chaud tout rempli de fleurs. »

Comme elle est bien assise, Madame Sand. Les poètes doivent être assis de la sorte, « sur un sable chaud tout rempli de fleurs. »

Et elle continue : « Encore des bruyères blanches, des orchys superbes dont je ne sais pas les noms » Et la vilaine d'ajouter un peu plus loin, après avoir vanté le prix modique des vivres à la Spezzia : « Si on te conseille un voyage de santé, ne te lance jamais dans les états du pape, où l'on manque de tout, et où le climat est dur comme le reste. » Pourquoi cette aigreur contre le pape ? Est-ce que les relations de Georges Sand avec Musset et les autres ne lui auraient pas inspiré, à elle si intelligente et si bonne malgré tout, cette hostilité pour la papauté, gardienne incorruptible de la Pénitence tout autant que des autres sacrements. Je le pense. Quoi qu'il en soit, continuons à faire la bête en mangeant des sandwichs.

Mais j'y songe. Puisque nous pensons à madame Sand, à Solange Clésinger et aussi à la petite Jeanne Clésinger, celle qui, au dire de sa grand'mère, reine minuscule de Nohant, « n'accepte sans sourciller son petit clystère qu'à la condition que les fleurs et les rubans flottent à la seringue, et que Manceau sifflera un air pendant la manœuvre et qui, d'après Solange, dit aimer sa bonne maman « grand comme le ciel et loin comme les étoiles », nous ne faisons peut-être la bête qu'à moitié.

Pour l'instant, loisir ne nous est pas donné de résoudre ce délicat problème. Il nous faut monter dans notre compartiment; puis, de nouveau, roule la machine. Ah! mon Dieu! ce que nous en avons notre aise de cette satanée machine, et surtout de cette voie mal construite qui imprime des heurts pénibles aux wagons et aux voyageurs.

A Pise, où nous arrivons en pleine nuit, nous percevons une grande ombre penchée sur les ombres plus petites des maisons. On nous dit que c'est la fameuse tour. Nous voulons bien le croire. Elle est plutôt lugubre, cette grande masse noire qui semble menacer la ville endormie. Nous l'achetons (en carte postale), et l'examinons curieusement à la lueur d'un réverbère de la gare, lorsque est hurlé le fameux Partenza. — Pronti, pronti. Et nous voici encore brisés dans notre éternel compartiment. Juste ciel! Que l'enfer doit être long!

Nous essayons de dormir, et, sans avoir pu y réussir, arrivons à Civita-Vecchia. Le soleil commençait à peine de dissiper les ombres de la nuit, et, dans ces demi-ténèbres, Civita-Vecchia nous apparut bien triste. Avec ses fortifications, elle donnait à penser d'une petite cité taillée sans art à même d'un immense rocher noirâtre. A ses pieds déferlaient des vagues qui, sous la lumière naissante, faisaient l'effet de plaques brunes de métal, brillantes par endroits seulement. Civita-Vecchia peut être une belle ville lorsque le soleil la pare de ses rayons, et que le ciel azure les flots qui la baignent. Quoi qu'il en soit, j'ai conservé d'elle un souvenir peu favorable, et si jamais un oncle aux écus me tombe d'Amérique ou d'ailleurs, ce n'est pas Civita-Vecchia que je choisirai comme lieu de plaisance. Je n'irai point non plus fixer mon séjour dans la campagne qui s'étend du seuil de Rome (je veux dire Civita-Vecchia) jusqu'à Rome elle-même, par la bonne raison que je n'aime point les plaines au gazon dességhé, ou seulement revêtues de grandes herbes jaunes, et que ne me sont pas agréables la rencontre de gros moustiques vénimeux, semblables à celui dont la piqûre me fit enfler la main, et encore moins la vue d'hommes à figures de bandit, comme ceux qui, sur notre passage, interrompirent leur travail, dans une carrière, pour nous envelopper de leurs regards haineux.

Cette campagne romaine est triste, bien triste. Rome serait-elle donc aussi triste, et aurait-elle raison cette vipère (pardonnez ce qualificatif: il n'est pas de moi; il est de Veuillot) d'Émile Girardin qui, retour d'Italie, disait à un ami le questionnant sur la ville éternelle: « Je n'aime pas Rome, ça sent le mort. »

J'en étais là de mes réflexions... funèbres, lorsque un tout jeune petit curé des environs de Moulins qui, au cours du voyage, nous avait égayés de ses réparties prime-sautières, se pencha à la portière, nous regarda, et, les yeux mouillés de larmes, s'écria ravi: Saint-Pierre, Saint-Pierre! Nous regardâmes à notre tour, et, au spectacle qu'il nous fut donné de voir, nous oubliâmes bientôt M. Émile et ses appréciations macabres.

C'était bien Saint-Pierre, en effet. Au dessus de la ville, il se dressait majestueux et superbe. Sur son dôme flottaient encore des lueurs pourpres, derniers vestiges de l'aurore disparue. Et il nous sembla voir des pourpres encore plus belles, ma cousine. Elles s'étendaient sur Saint-Pierre, elles s'étendaient sur la ville. C'était la pourpre du sang de Pierre et de Paul; c'était la pourpre du sang des martyrs. Elles étaient brillantes, elles étaient splendides; leur éclat était un éclat divin. Alors une émotion intense nous étreignit le cœur, et, les larmes aux yeux, avec l'Église, nous proclamâmes heureuse, et donc bien vivante, cette Rome qui, consacrée par le glorieux supplice de deux princes, teinte de leur sang, surpasse, à elle seule, toutes les beautés de l'univers.

> *O Roma felix, quae duorum principum*
> *Es consecrata glorioso sauguinc;*
> *Horum cruore purpurata cœtcras*
> *Excellis orbis una pulchritudincs.*

C'est du latin, direz-vous. Eh oui. Il me plait tant que je n'ai pu m'empécher de le transcrire. Ma cousine, je vous en prie, excusez mon pédantisme et recevez mon adieu.

Onzième Lettre

Ma Cousine,

Sans m'attarder à de vains préambules, je poursuis ma narration. J'ai encore tant de choses à vous dire !

Au galop nerveux de deux petits chevaux noirs, nous quittons la gare du Transtévère et nous nous rendons au logement qui nous a été assigné. C'est au n° 113 de la rue Ottaviano, chez madame Costantini Maria. Les fenêtres de notre chambre donnent sur la piazza del Resorgimento.

Costantini Maria, n'est-ce pas, ma cousine, que le nom

de notre hôtesse est gracieux. Si vous en doutez, venez
à Rome l'entendre chanter par les voisins et voisines de
madame Costantini Maria qui, moult fois le jour, bavardent
avec elle. et vous serez de mon avis.

Toutefois, de madame Costantini Maria et de ses
empressements, pas plus que des curiosités qui, tout à l'heure,
dans les rues de la ville, auraient pu nous intéresser. nous
n'avons cure pour le moment. Saint-Pierre, tel est l'unique
objet de notre pensée, et, nos bagages déposés à la hâte,
nous escaladons un tram qui nous conduit à la toute proche
basilique du prince des Apôtres. Nous pénétrons dans l'immense place de Saint-Pierre par le côté droit de la colonnade. A ce chef-d'œuvre de Bernin, aux colossales statues
qui le surmontent, à l'obélisque du milieu de la place et
aux deux fontaines qui s'élèvent à ses côtés, nous donnons
un regard ravi, puis nous empressons vers la basilique elle-
même, but de nos désirs

Mais quoi ! elle paraissait toute proche, et voici qu'à
mesure que nous avançons, elle s'éloigne, prenant plaisir,
dans son immobilité radieuse, à nous voir trottiner sur les
pavés raboteux. Nous ouvrons notre guide et trouvons la
réponse à l'énigme : des fontaines, notre point de départ,
au bas des escaliers où nous arrivons. cent mètres nous séparent. Et c'est pourquoi nous sommes un tantinet essoufflés
et nous reposons une minute en regardant, sur notre droite,
la masse jaunâtre du Vatican, et devant nous, à quelques
mètres, la façade de la basilique, œuvre de Maderna. Sous
le portique où nous venons d'entrer, notre vue effleure les
statues équestres de Constantin et de Charlemagne, puis
tremblants d'émotion. nous poussons le pesant rideau, et
ouvrons tout grands nos yeux afin de les emplir de belles
visions ; surtout nous dilatons notre âme afin que viennent

s'y blottir pour la parfumer, l'élever, les souvenirs, les sentiments pieux qui, en ce lieu, des statues, des mosaïques, des marbres, des ors, des tombeaux, de toutes parts enfin, surgissent à l'envi.

Une déception nous saisit en même temps que la joie sainte : Saint-Pierre nous paraît petit. Alors que le Panthéon, que nous visiterons quelques jours plus tard par l'espace laissé entre ses colonnes où l'air se joue librement et le manque d'ornementations, nous semblera plus grand qu'il ne l'est, Saint-Pierre, garni de tombeaux, de statues, de sculptures, et aussi par une faute initiale de conception, produit un effet d'étendue médiocre. Il faut examiner, étudier l'un des mille détails de cette église mondiale, pour conclure, de sa dimension, à celle de l'édifice entier. Je n'en veux pour exemple que ce couple d'anges qui soutiennent les bénitiers, coquilles de marbre appendues aux deux premiers pilastres. De l'entrée, ces anges font mine de jeunes enfants ; mesurés, ils ne comptent pas moins de deux mètres de hauteur.

Après avoir pris de l'eau bénite dans les vastes conques, allons, ma cousine, par la vaste nef. Et pourtant je voudrais bien m'arrêter à prier devant la Piéta de Michel-Ange, voir la Sainte-Thérèse du Bernin et admirer le tombeau de Clément XIII que gardent les lions de Canova. Une autre fois, je viendrai en pèlerinage à ces beautés. Aujourd'hui ma cousine, allons à la Confession de Saint-Pierre.

C'est là que repose l'humble pêcheur de Galilée appelé par Jésus à l'honneur stupéfiant de conduire l'Église dans ses premiers essais à travers le monde. Il n'avait point le regard du génie pour discerner et prévoir les écueils ; les honneurs, les richesses, la science, ne s'embarquèrent point en sa compagnie sur le vaisseau de la primitive Église. Mais il possédait plus et mieux que cela : je veux dire les intuitions divines excitées en son âme par l'Esprit, l'infaillibilité doctrinale, les trésors de la grâce dont la libre dispensation lui avait été départie par le Christ lui-même.

Il est là, sous l'autel papal surmonté d'un riche baldaquin haut de vingt-neuf mètres, et que supportent quatre colonnes torses en bronze doré. La matière de ces colonnes a été apportée du Panthéon. Il convenait qu'après l'avoir fait mourir, le paganisme offrît son tribut d'honneur au prince des Apôtres. Pierre, à l'instar de son chef béni le Christ, trouve dans le trépas le règne d'une incomparable vie : *dux vitae mortuus regnat vivus.*

Ils sont là Pierre et Paul. On ne leur a pas fait, comme aux papes et aux rois qui les entourent, des monuments de marbre. Il ne s'est point trouvé d'architecte ni de sculpteur pour assumer une si lourde tâche. Leurs cadavres étaient trop pesants de gloire et de sainteté. Le génie recula épouvanté d'avoir à traduire tant de grandeur mêlée à tant d'humilité. On laissa les corps dans les ombres de la crypte vaticane. Mais au dessus, appendues à une magnifique balustrade qui garde l'ouverture de ce sépulcre, cent cinquante lampes d'argent brûlent jour et nuit. Et c'est le commencement de la gloire, cependant que pour parachever de manière sublime cette gloire naissante, s'élève, à cent-trente-sept mètres, l'incomparable coupole jetée dans les airs par le génie de Michel-Ange.

Pierre, Michel-Ange ! Comme il me plaît d'associer ces deux noms, et comme il était bien fait, le magnifique sculpteur et le peintre grandiose, à l'âme si humble, si bonne et si pieuse, pour célébrer Pierre, le très humble, le très bon, le très grand amant de Jésus.

Nous sommes à genoux, le front appuyé sur la balus-

trade. Nous sentons vivantes les âmes de Pierre et de Paul.
Elles s'exhalent de ce tombeau. Elles viennent nous imprégner d'énergie, d'amour et de tendresse, et pour n'être pas
seuls à jouir de cette heure délicieuse. nous pensons à tous
ceux que nous aimons et demandons pour eux les mêmes
effusions divines. Coulez, nos larmes; mêlez-vous, très
humbles, à celles répandues ici-même par les cœurs pénitents de tous les siècles, par les grands empereurs et les
grands hommes, mêlez-vous aux larmes de Constantin et de
Veuillot; mêlez-vous encore, bien qu'indignes. aux larmes
du pur amour et de l'exquise et suave innocence. Coulez,
nos larmes; sur le tombeau du plus grand des pleureurs.
vous êtes, aujourd'hui. douces infiniment.

Aux vives émotions de nos âmes en succèdent d'autres.
plus calmes. et si délicieuses. mon Dieu. que nous aurions
voulu, vous le savez. les goûter longtemps encore. Pourquoi
donc notre vie est-elle si brève que pour parer à ses exigences diverses, il nous faille mesurer les instants de notre
bonheur, et nous sevrer. parce que l'heure a sonné. de
jouissances divines. Mais je parle inconsidérément. Le
bonheur ne nous a pas quittés. Il nous retrouve au contraire
avec une amplitude plus grande. Sur deux autels voisins
que domine une reproduction en mosaïque de la Communion
de Saint Gérome, mon cher oncle et moi célébrons la sainte
messe. Déjà le trisagion des séraphins, puis les paroles de
la consécration ont passé sur nos lèvres. Pierre et Paul, disparaissez: Jésus est avec nous. Nous le touchons de nos
mains, le pressons de nos lèvres, et, lorsqu'il repose en nos
poitrines, de toutes nos forces nous lui protestons, comme
autrefois l'humble pêcheur de Galilée, de notre affection
intense: « Seigneur, vous à qui rien n'échappe, vous savez
bien que nous vous aimons. »

Nos prières terminées, nous nous apprêtons à quitter Saint-Pierre. Nous y reviendrons. Il fait si bon ici. Avant de sortir, nous allons à droite de la coupole, devant le pilastre, là où se trouve, érigée par Saint Léon en actions de grâces de la retraite d'Attila et faite avec le bronze de la statue de Jupiter Capitolin, une statue du prince des Apôtres. Le Christ très pur a tué l'idole infâme, et la matière profanée et souffrant d'exprimer l'erreur (*ommis creatura ingemiscit*) est réhabilitée et dans l'ordre puisqu'elle célèbre le triomphe de la Vérité.

Avec respect baisons les pieds de l'Apôtre. Tant de lèvres s'y sont collées avec amour. Oh ! les lèvres des grands de ce monde, lèvres des princes de la terre, lèvres des savants, ironiques parfois, et qui, sur ce bronze, j'en sais des exemples, se sont jointes pour un baiser de foi et d'hommage cordial. Oh ! les lèvres des humbles et des simples, si naïves, si aimantes, si bonnes. Oh ! les lèvres, même impures qui, sur ce bronze, ont perdu le goût de la fange pour n'avoir plus que celui des chastes baisers. Oh ! les lèvres de toutes sortes, qui dira les secrets par elles exhalés sur ces pieds rongés par l'amour.

Et voici que s'offre à nos regards la chaire de Saint-Pierre. Elle se dresse superbement enchâssée derrière la Confession. Nous ne pouvons la visiter, faute de temps. Toutefois, puisque la Confession est sur notre route, donnons-lui, pour ce matin, un dernier regard et une dernière pensée d'amour.

Nous nous penchons sur la balustrade. Non loin des deux Apôtres Pierre et Paul, reposent des papes et des souverains étrangers. C'est Christine de Suède ; ce sont les Stuarts. Ils sont venus reposer ici afin qu'après leur vie agitée et douloureuse, auprès des grands pacificateurs des âmes,

plus tranquille. plus doux fût leur dernier sommeil. Nos
yeux. habitués à la demi-obscurité. distinguent nettement.
au bas de l'escalier qui conduit au tombeau de Pierre. la
statue de Pie VI. œuvre de Canova. Sur le socle. après le
nom du Pontife. ces mots : *Orate pro eo* (priez pour lui).
Et nous voudrions bien prier pour le bon pape. Mais l'artiste a donné à son visage une telle expression de piété,
qu'il nous est difficile de nous représenter son âme ailleurs
qu'au ciel. Et puis. il a tant souffert. et pour les papes comme pour le commun des mortels. la souffrance bien endurée n'est-elle pas la clé d'or pour le royaume des cieux.
Quoi qu'il en soit. nous lui demandons de prier pour nous
et de veiller sur notre France. Elle a fait souffrir le bon pape.
et. sur ses épaules vieillies. a jeté de lourdes croix. Et les
papes, à l'exemple de leur Maître. pardonnent à leurs bourreaux. Pie VI. martyr des hommes du Directoire. priez pour
nous.

Une lumière vive frappe notre vue et nous tire de nos
colloques pieux. Elle vient de la coupole. Nous levons les
yeux. C'est une fête de clarté, là-haut, en l'honneur du chef-
d'œuvre de Michel-Ange. Les grands évangélistes en mosaïque (ils n'ont pas moins de sept mètres !) resplendissent.
La plume gigantesque de Luc. paraît. dans les rayons qui
l'animent, s'agiter afin d'écrire un chapitre nouveau. Au
dessous. étincelle l'inscription qui explique Saint-Pierre.
Rome, l'Eglise : *Tu es Petrus et super hanc petram ædificabo
ecclesiam meam*. (Tu es Pierre, et sur cette pierre, je bâtirai
mon Eglise)..... Une sorte de vertige nous saisit. Nous
croyons voir des abimes sur nos têtes ; nos regards abaissés
ne trouvent que des tombeaux. symboles de vie immortelle ;
autour de nous, c'est le vaste espace où se perd le bruit des
pas des visiteurs et la forme des visiteurs elle-même ; c'est.

9

dans l'atmosphère ambiante, l'amas des souvenirs qui chantent l'Eglise de toute éternité voulue par Dieu, préparée depuis l'origine du monde, et qui, vieille de deux mille ans, doit survivre aux catastrophes humaines. Au dessus, au dessous, autour de nous s'éveillent et s'agitent des pensées immortelles. Nous sentons l'infini dont Saint-Pierre est le Temple.

Recueillis et émus, nous sortons à pas lents.

A bientôt, ma cousine, le bonheur de vous dire la suite de mes impressions romaines : vous les dire, n'est-ce pas les revivre encore ? A Dieu.

DOUZIÈME LETTRE

Ma Cousine,

Nous avons déjeuné à Sainte-Marthe, à côté de Saint-Pierre, dans une grande salle très claire et très propre des bâtiments du pape, servis par des religieuses qu'avec plaisir nous avons vu glisser entre nos tables, aimables et souriantes. Des voitures se pressent dans la cour qui longe, à gauche, la basilique, et aboutit sur la place. Les cochers s'apostrophent avec des mots sonores De temps à autre ils font claquer leurs fouets, puis, éperdument tirent sur les rênes de leurs bêtes qui, impatientées de ce bruit, voudraient partir, et, contenues avec peine, dépensent leur ardeur maitrisée à frapper le pavé de leurs sabots rageurs.

Mon cher oncle et moi hélons un cocher, montons en son véhicule et donnons l'ordre de partir. L'homme impas-

sible se tourne vers nous et nous fait voir quatre doigts de
sa main. — Nous ne sommes pas sourds et encore moins muets,
brave homme. Parlez, parlez donc — *Quattro ! Quattro !* --
Nous avons compris ; nous sommes très forts ! Il nous faut
être quatre dans la voiture de notre automédon, sans quoi
il ne bougera pas. Il a reçu des ordres de l'Agence et s'y
tiendra rigoureusement.

Nous jetons autour de nous des regards désolés et
rencontrons les regards non moins désolés des deux petites
pèlerines qui, de Roanne à Lyon, il vous en souvient, nous
accompagnèrent. Elles sont, à n'en pas douter, des victimes errantes et en peine du fameux *quattro — Quattro?
Quattro?* nous demandent-elles anxieuses. Cela veut dire :
Êtes-vous quatre ? et, à ce bel italien nous nous empressons
de répondre par cet italien non moins beau : *No, signor,
no — Signor* veut dire : monsieur, au singulier, et nous
nous adressons à deux demoiselles ; mais aussi, je vous
le demande, pourquoi des pèlerins français feraient-ils les
difficiles lorsqu'il s'agit de syntaxe italienne. L'essentiel,
en pays étranger, n'est-il pas de comprendre et de se faire
comprendre ? Or, nous avons compris *quattro* et avons fait
comprendre que par *no signor* nous entendions dire : Non,
mesdemoiselles. N'avons-nous pas le droit d'être contents
et fiers? Nous le sommes en effet, cependant que nos compagnes, tout en riant et nous offrant leurs respects et leurs
congratulations pour nos progrès si rapides dans la langue
du Dante, s'installent de leur mieux.

Ne vous moquez pas, mesdemoiselles (elles continuent
de rire !), ne vous moquez pas. Point ne m'est nécessaire,
à Rome, de comprendre ce que me disent les cochers ou ce
que peuvent me confier, bien que cela soit plus intéressant, de doctes pèlerines comme vous. A Rome, en face des

beaux monuments, il me suffit d'entendre ce que Pétrarque appelle: *Il parlar che nell'anima si sente:* le langage qu'on entend au fond de l'âme.

Et maintenant que nous sommes au complet, *quattro!* partez, cocher: *Partenza! partenza!* Au lieu de me répondre par un joyeux *pronti*, et d'enlever ses chevaux, cet homme se tourne vers moi, et, froidement: *No, signor, no.* Sous sa régularité grammaticale, votre phrase, cocher, est d'une incorrection peu ordinaire. Comment, à nos objurgations vous opposez un placide et inébranlable veto? — *Ecco, signor;* et de son bras étendu, le cocher me montre vingt quatre voitures qui, placées avant la sienne, doivent aussi sortir avant la sienne. Cet homme me renverse. Vaincu, je m'affale sur la banquette au milieu de petits rires discrets...

Quelques minutes s'écoulent. Afin de tromper l'attente, mon cher oncle dit du bréviaire, ces demoiselles plongent leur nez dans un Bedaker, et, pour ma part, je considère l'obélisque de quatre-vingts pieds de haut qui orne la place Saint-Pierre. Vous n'ignorez pas, ma cousine, que les obélisques sont des monuments quadrangulaires, en forme d'aiguille et d'une seule pierre. Rome est riche en obélisques. Sur celui de la place Saint-Pierre, voici le récit qu'il m'a plu d'imaginer en partie et que je vous offre, en souvenir de cette matinée où, au complet dans notre voiture, (*quattro! quattro!* nous dûmes attendre, pour partir, que les vingt quatre voitures qui nous précédaient, tranquillement, sans se presser, eussent pris leur pénible essor vers la Ville : *Ecco signor, ecco.*

Légende de l'obélisque d'Héliopolis.

Il y avait une fois, en Egypte, formé dans les entrailles du sol par la Toute-Puissance, un énorme bloc de pierre si dur et si lourd qu'il semblait devoir défier à jamais les efforts des hommes méchants qui, après avoir déchiré le sein de leur mère, en arrachent les richesses afin de satisfaire quelquefois leurs besoins, le plus souvent leurs caprices. Le gros bloc gisait tranquille, dans un repos séculaire, croissant chaque jour petitement et sûrement. Plongés dans l'obscurité, ses yeux ne voyaient point ; par contre, ses oreilles, d'une finesse inouïe, entendaient. Elles entendaient, avec un plaisir indicible, la vie venue de Dieu qui s'épanche dans le sein du globe et gonfle les veines de la terre, les racines qui s'enfoncent avec un minuscule crépitement, les sources qui, en leurs canaux souterrains, glougloutent avec douceur, la marche vers la forme, vers le jour, vers le soleil, des germes inconnus qui, par leurs routes obscures, chantent joyeusement l hosanna de la vie.

Or, certain jour qu'il écoutait avec extase, le vieux bloc perçut un bruit insolite. C'était quelque chose qui, d'abord, sourd et lointain, se faisait, avec les heures, plus distinct et plus proche. Comme il prêtait davantage l'oreille, il ouït des sons confus qu'il sut, depuis, être des paroles humaines. Ces sons se précisèrent, et notre bloc s'interrogeait anxieux sur leur signification, lorsqu'il sentit, sur le dos, une douleur aiguë. Des pioches venaient d'érafler son échine terreuse. On ne cherchait pas à le blesser, mais seulement à le débarrasser de son enveloppe de terre. Des êtres ignorés témoignaient par leurs gestes et leurs exclamations, de leur joie de l'avoir trouvé. Ces êtres bizarres étaient des hommes. Avec précaution, à l'aide de leviers et de machines, ils parvinrent, après force temps, à soulever le bloc et à le hisser sur un chariot attelé de nombreuses bêtes de somme. Enfin, au prix de peines infinies, le chariot se mit en marche.

Il s'avançait lentement. Devant lui et sur ses côtés,

les hommes marchaient, en un triomphe. Le cortége traversa d'immenses étendues. De temps à autre l'on rencontrai des villes et des villages. Sur les portes, les hommes les femmes, les enfants sortaient et manifestaient leur plaisir à la vue du bloc gigantesque. Lui, cependant, desséché, brûlé par les rayons du soleil, allait lamentable parmi les vivats.

Hélios! Hélios! criaient les hommes, père de la lumière qui réjouit nos yeux; Hélios, qui donnes l'or à nos fruits et à nos moissons; Hélios dont la seule vue fait tressaillir les bocages, chanter les oiseaux, sourire les flots: Hélios, qui distribues en même temps que l'éclat à nos fleurs, la force à nos adolescents, la grâce et la beauté à nos vierges, Hélios, nous t'adorons. Et les bras jetés au ciel vers l'astre qui piquait à profusion dans l'espace ses flèches brûlantes, ils s'extasiaient à l'envi.

Hélios, en retour de cette ferveur, ne marchandait pas ses grâces. Elles pleuvaient dru sur les épaules des hommes et s'extériorisaient par d'abondantes gouttes de sueur dont leur corps était couvert. Le cortége allait criant, soufflant, suant. Et notre vieux bloc, dans sa séculaire sagesse, se demandait pourquoi ces honneurs rendus à ce grand œil lumineux et stupide du ciel dont l'incandescence très vive blessait les yeux humains qui osaient l'aviser, et mettait en nage hommes et animaux.

L'on chemina ainsi de longs jours. Certain soir, comme les ombres déjà enveloppaient la terre, le cortége arriva dans une cité — c'était la ville d'Hélios : Héliopolis. Le bloc de pierre fut déchargé soigneusement sur une place. Il se croyait à la fin de ses tribulations, mais le lendemain, des ouvriers le cernèrent, le dégagèrent de ses scories, le dégrossirent, l'affilèrent, et, après en avoir fait, au prix d'innom-

brables douleurs, une grande aiguille de pierre. le dressè-
rent sur la place.

Il y eut une fète en l'honneur de cette érection. beaucoup de cris, beaucoup d'enthousiasme. Dans un délire fou.
les hommes vètus de riches manteaux et les femmes aux
tuniques éclatantes et précieuses, mêlèrent leurs ovations.
Puis ce fut tout. Vint alors la série morne des jours tristes,
des jours brûlants.

Sur la place s'ouvrait un temple en l'honneur d'Hélios.
L'obélisque (c'était le nom par lequel on le désignait maintenant) voyait des théories d'adorateurs et d'adoratrices,
après s'ètre purifiés d'eau lustrale, pénétrer à l'intérieur du
temple afin d'adorer le dieu. Cette adoration d'un être qui
l'avait tant fait souffrir et lui causait encore, chaque jour.
par ses morsures, de cuisantes douleurs. était pour l'obélisque un vrai supplice. Travaillé de colère, il s'indignait sté-
rilement dans la chaleur torride.

Le soir tombait. Il s'apaisait peu à peu. L'ombre le péné-
trait de sa vertu calmante. Hommes et femmes sortaient de
leurs maisons et se réunissaient sur la place. Les femmes
étaient accompagnées de leurs esclaves. Parées avec art.
l'air majestueux, elles circulaient, quêteuses magnifiques
d'empressements et d'hommages. Et les hommes ne man-
quaient point pour donner à la beauté insolente le culte
qu'elle réclamait.

Et la série morne des longs jours tristes et brûlants, et
des soirées pleines de désenchantements. passait, passait
toujours. Mais venait aussi. portée sur les ailes du temps,
l'heure délicieuse qui devait combler l'obélisque de bonheur.

C'était après une journée accablante. La nuit depuis
longtemps était venue. Hommes et femmes, saisis par la frai-

cheur, s'étaient retirés peu à peu. La place était déserte.
Tout à coup, débouchant d'une rue prochaine, apparut un
groupe. Il se composait d'un vieillard, d'une femme et d'un
enfant. La femme, montée sur un âne, pressait l'enfant sur
son cœur. L'homme guidait la bête. Ils approchèrent de
l'obélisque. Et par un pouvoir émané, il le savait bien, de
l'enfant porté par la jeune femme, l'obélisque, jusqu'alors
inhabile à entendre le langage humain, comprit clairement
la conversation des nouveaux arrivés.

Voyez-vous, mon Jésus, disait la jeune femme à l'enfant,
les hommes, ici comme à Bethléem, ne veulent pas nous
recevoir. Moins méchants qu'Hérode qui veut vous faire
mourir, ils sont cependant bien durs pour vous. Mais votre
mère, enfant chéri, vous aime tant, et Joseph aussi vous
aime si ardemment, qu'il me semble, à moi votre mère heureuse, que notre amour supplée à celui que l'humanité vous
refuse..... Très cher petit donnez-moi vos menottes que
je les embrasse, et sur vos yeux divins, ô mon roi, laissez-
moi déposer un baiser.

La nuit est venue et nous n'avons point d'abri Auprès
de ce monument, nous allons, Joseph et moi disposer nos
hardes pour votre sommeil. — Le groupe était au pied de
l'obélisque. Joseph, ému des paroles de Marie son épouse,
arrêta sa monture, prit l'enfant, aida Marie à descendre,
puis ayant remis à la mère son précieux fardeau, dressa près
du gigantesque monolithe une petite couche. Marie y dépo-
sa son fils le couvrit de son mieux, et, avec Joseph, se mit
à contempler Jésus.

Jésus ne s'endormait point. La Vierge anxieuse se prit à
lui dire : Jésus, mon amour, la bise souffle froide sur votre
visage et vos mains : tout à l'heure, à genoux, je vais deman-
der à votre Père qui est dans les cieux d'adoucir son haleine.

La Vierge se prosterna un instant. Elle continua: Votre Père ma exaucée: l'air est tiède maintenant; les étoiles brillent avec une douceur infinie; Jésus, mon petit Jésus, dormez.

La voix de la Vierge était musicale, céleste. Les paupières du petit Jésus commençaient de clignoter sous cette douce influence. Marie acheva: Que les Anges de votre Père veillent sur vous... Comme ils sont beaux les Anges de votre Père qui sont aussi vos Anges. Comme il est beau Gabriel qui m'annonça que je serais votre mère! Comme ils sont beaux les anges qui, à Bethléem, chantaient votre naissance! Comme ils sont beaux les anges qui, l'autre soir, nous aidèrent à traverser le fleuve du pays d'Egypte.

Nous étions en peine, Joseph et moi. Une barque était là, cachée dans les roseaux. A tout hasard, nous montâmes dans le frêle esquif. Et voici que la barque d'elle-même se prit à quitter le rivage. Elle s'avançait sûre et douce, malgré le courant furieux. Ravis, nous levions nos regards vers le ciel pour remercier votre Père, lorsque nous vîmes un spectacle radieux qui nous émerveilla. Dans les airs, au dessus de nous, des anges apparaissaient. Les uns, avec des empressements merveilleux, vous adoraient, ô mon amour, et même, à mon grand étonnement, me témoignaient, à moi votre mère si humble, si petite, une repectueuse et affectueuse déférence.

La Vierge s'arrêta confuse au souvenir de ce que les anges avaient fait pour elle, puis continua heureuse: D'autres anges tenaient en main des guirlandes fleuries. Ils tiraient doucement sur ces guirlandes qui, rattachées à notre esquif, lui imprimaient ce mouvement merveilleux dont nous avions été surpris. La traversée dura quelques minutes délicieuses. En même temps que nous abordions la rive désirée. les beaux anges disparurent. Et Joseph et moi nous fûmes un instant chagrins de cette disparition. Ils étaient si beaux, ô Jésus, les anges de votre Père qui sont aussi vos anges. Nous ne pensions pas (votre mère a passé un instant sans songer à vous!) que nous vous avions, vous, la beauté infinie. Mon petit Jésus, laissez-moi baiser votre visage adoré incomparablement plus beau que celui de tous les Anges. Jésus, mon petit Jésus, dormez

L'obélisque extasié écoutait ces paroles. Son regard plein d'amour ne pouvait se détacher de l'enfant divin dont la Vierge venait, par ses paroles harmonieuses, de lui faire comprendre la grandeur. Et Jésus comprit cet amour muet du monolithe. Il rouvrit ses yeux que le sommeil commençait de clore, fixa l'obélisque, et l'obélisque tressaillit sur sa base de pierre : ce regard de tout petit était plus profond que le ciel bleu ; il réfléchissait une douceur et une tendresse sans bornes, une puissance et une majesté infinies. Puis Jésus ferma ses paupières, et Marie et Joseph le regardèrent dormir. L'obélisque, l'âme inondée d'un bonheur indicible, contemplait tour à tour Joseph si résigné et si bon. la Vierge si pure et si belle, et Jésus l'Enfant-Dieu.

La nuit passa rapide. Jésus s'éveilla. sourit à Marie, à Joseph. Cependant Joseph hâtait le départ. Il rassemblait les hardes, les attachait. en chargeait l'âne, aidait Marie à s'installer sur la paisible monture et lui confiait Jésus A voir ces préparatifs. l'obélisque éprouvait une peine amère. Mais comme la petite caravane était sur le point de s'ébranler, Jésus qui console toute peine soufferte pour lui regarda de nouveau l'obélisque. Et dans ce regard divin le monolithe lut la promesse certaine d'une grande joie indéfinie.

Recommencèrent alors les longs jours brûlants. les

théories d'adorateurs qui se rendaient au temple d'Hélios, et les promenades et les conversations, le soir, sur la place. autour de l'obélisque. Mais que lui importait, à lui regardé et béni par Jésus. Il avait maintenant l'espérance, et, avec elle le bonheur. Et les longs jours passaient, passaient encore. Combien s'en écoula-t-il ? L'obélisque n'aurait su le dire. Il ne comptait point les heures d'une attente tout occupée par la pensée de l'Enfant-Dieu.

Un soir que promeneurs et promeneuses étaient venus, selon l'habitude, jouir de la fraîcheur à ses pieds, il entendit un bout de conversation qui le frappa. — Un nommé Jésus qui se prétendait Dieu, disait un homme répondant au nom de Méthophis, vient d'être crucifié à Jérusalem. Ses disciples affirment qu'il est ressuscité et monté au ciel dans une apothéose. Ils veulent établir le règne de leur Jésus. Par Isis, nos dieux auront raison de ces impudents. Qu'en pensez-vous, Arsinoé ? — Je ne me donne même pas la peine de penser à ces sornettes. Hélios est notre dieu et je n'en connais point d'autre. Mais, par l'âme de Cléopâtre la belle, que ces enragés ne viennent point nous prêcher leurs turpitudes. Vive Hélios ! Vive Isis ! Méthophis. — Sur ces mots. l'Egyptienne prit le bras de son interlocuteur. Le couple s'éloigna. L'Egyptienne gazouillait des mots rieurs que l'obélisque n'entendait plus. Elle parlait sans doute d'autre chose que de Jésus le crucifié et le ressuscité.

Il a été crucifié, pensait amèrement l'obélisque. Oh! la jeune mère si belle et si bonne, qu'elle dut souffrir au pied de la Croix de son Fils; aussi, quelle joie dut envahir son âme au jour de la résurrection. Et il ajoutait avec ferveur : Jésus crucifié et ressuscité, souvenez-vous de votre promesse; hâtez-en l'effet.

Et les jours continuèrent de passer.

A quelque temps de là, des ouvriers nombreux entourèrent l'obélisque, le descellèrent, le hissèrent péniblement sur un énorme chariot et le dirigèrent vers la mer. L'obélisque quitta la ville d'Hélios sans regret. La crainte instinctive qui se levait en lui en face de l'inconnu où il allait être plongé était singulièrement adoucie par la pensée de l'Enfant et de sa promesse. Pendant qu'à l'aide de poulies et de câbles on le transbordait sur un bateau, le livrant ainsi au caprice des vagues incertaines, la pensée en haut, il rêvait d'un bonheur élyséen.

Après une traversée pénible, le bateau se mit à remonter le cours d'un fleuve. Ce fleuve était le Tibre, et les matelots qui s'agitaient pour la manœuvre autour du grand monolithe disaient avec un sourire de satisfaction : « Bientôt nous serons à Rome. » Par des bribes de conversations, l'obélisque apprit que Rome, capitale du monde connu, ville de monuments, de palais et de fontaines merveilleuses, rendez-vous des satisfactions et des jouissances humaines, était surtout la résidence des Césars. Il sut encore que ces Césars étaient des maîtres omnipotents et cruels, et, malgré le souvenir de Jésus, une légère anxiété l'envahit.

Le bateau stoppa qu'il s'essayait à percer l'avenir voilé pour lui subitement de tristesse. L'obélisque déchargé, mis sur un char, fut véhiculé, à travers les voies romaines, jusqu'au palais des Césars. De même qu'à son arrivée à Hélios, la foule l'entourait et l'acclamait. A ces acclamations se mêlaient des vivats à l'adresse de l'empereur romain. Après plusieurs jours de labeur, l'obélisque fut enfin dressé au palais de César Caligula, dans la salle des bains. Caligula daigna venir en personne examiner l'obélisque et témoigner de son admiration. Cet homme, à une apparente majesté, joignait un air de cruauté et de folie. A voir ses yeux farouches où se lisait l'appétit du sang et de la volupté, l'obélisque effrayé se prit à penser aux yeux si beaux et si doux de la Vierge Marie et de l'Enfant-Dieu.

Caligula donnait dans des extravagances sacrilèges et terribles. Il se faisait adorer et offrir des sacrifices. Les vies humaines n'étaient rien pour lui. Afin d'avoir l'argent nécessaire à son jeu, il faisait condamner à mort les citoyens les plus riches. Cet homme hideux qui désirait que le peuple romain n'eût qu'une tête afin de pouvoir l'abattre d'un seul coup, et que sa statue, ornée des attributs de Jupiter, fût placée et adorée dans le temple de Jérusalem, finit d'une manière digne de ses crimes. Il fut, en pleine Rome, massacré avec sa femme et ses enfants.

A Caligula succède sur le trône et dans le palais des Césars Claude l'imbécile. C'est le temps où Messaline étale ses impudicités. Elle est égorgée. Claude est empoisonné.

Survient Néron. Caligula est surpassé. Néron, nage dans le sang: le sang de sa mère, de son frère, de ses épouses, le sang des chrétiens. Contre ces derniers qui commencent d'envahir Rome, de faire luire au milieu des ténèbres païennes le flambeau de la foi et resplendir, au dessus du cloaque où grouillaient les vices romains, les exemples des vertus les plus belles et les plus pures. Néron s'acharne furieusement. De l'épine du cirque où il a été transporté, l'obélisque voit avec douleur les amis de Jésus livrés aux bêtes: bêtes humaines, bêtes sauvages, toutes également féroces. Et navré, il pousse vers l'Enfant-Dieu des cris de plaintive détresse.

Sur l'ordre de Néron, les apôtres du Christ Pierre et Paul ont été tués: Pierre a été crucifié, Paul a eu la tête tranchée. Cependant est comble la mesure des crimes du tyran. Cette tempête destructive qu'est l'empereur romain est près de finir. Encore des bouffonneries insensées, des crimes, des lâchetés. Voici maintenant la bouffonnerie, le crime et la lâcheté suprêmes. Condamné à mort par le Sénat, Néron pitoyable s'écrie : « Est-il possible qu'un si grand musicien périsse » puis, à l'approche des bourreaux, de sa main exécrable il saisit son épée et se tue. La lâche épée de Néron, qui jamais n'avait flamboyé devant l'ennemi, était digne de percer le monstre qui fuyait vainement la peur en terrorisant l'univers.

Avec Néron ne finit point la rage du paganisme contre la religion du Christ. Trois siècles durant il s'acharne contre elle. Les chrétiens tombent en nombre incalculable sous le glaive du bourreau ou sous la dent des bêtes.

. .   . .

Les mauvais temps sont passés. L'on ne tue plus les chrétiens. Les successeurs de l'Apôtre Pierre règnent sur Rome et sur le monde, et, dans les régions les plus lointaines, le nom de l'Enfant-Dieu est béni. Heureux de ce triomphe, l'obélisque commence de trouver longues les années qui ne lui apportent point la réalisation de la promesse sûre lue dans les yeux divins.

. . . .

Jésus, petit Jésus, soyez béni. Quinze siècles ont passé depuis votre doux regard de la place d'Héliopolis, et un successeur de Saint Pierre, Sixte-Quint, a jeté les yeux sur moi pour orner la place qui précède l'entrée de la magnifique basilique dédiée au prince des Apôtres. Je suis heureux, maintenant, non du murmure de l'eau qui, des fontaines, à mes côtés, s'élance en gerbes écumeuses pour retomber en perles transparentes et en brouillard léger ; non de la colonnade du Bernin dont les statues gigantesques, immobiles en leur fière pose, me contemplent muettes et me redisent les

gloires de notre religion sainte ; non de la superbe façade
de la basilique, enfantée par le génie de Maderna ; non encore
des innombrables curieux qui passent et repassent à mes
pieds, bien qu'à vrai dire ils soient infiniment plus intéres-
sants que les Egyptiens et les Egyptiennes de la place d'Héliopolis ; je suis heureux, Jésus, de voir, malgré les impies,
votre règne affermi dans le monde, de contempler votre
vicaire, le pape. Le voir, n'est-ce pas vous voir, Christ
bien-aimé ; et lorsque, de la basilique, il lance sa bénédiction *urbi et orbi*, aux choses inertes et aux êtres vivants
(Dieu et son vicaire enveloppent tout dans leur bonté immense), être béni de lui, n'est-ce pas être béni par vous ?

Cette bénédiction, elle renouvelle pour moi le bonheur de votre bénédiction première, sur la petite place de
la cité égyptienne consacrée à Hélios ; et quand, aux solen-
nités, porté par le pape revêtu d'or, vous vous avancez,
Jésus-Eucharistie, enchâssé de diamants, jusqu'au portique
de votre temple, j'éprouve à vous voir si petit, plus petit
encore qu'à Héliopolis, une immense tendresse, et sens,
ravi, se poser sur moi à nouveau ce regard doux et pur que,
devant le temple du soleil, vous daignâtes faire tomber sur
moi, par une belle nuit lumineuse, alors qu'entre Joseph si
bon et la Vierge si belle, vous commenciez de clore vos yeux
pour le sommeil. Jésus, à cause de votre promesse réalisée
et de votre bonté qui s'étend à tout, aussi bien aux pauvres
pierres qui gisent dans les entrailles du sol qu'aux anges
splendides du ciel et aux hommes superbes de la terre, Jésus,
soyez béni.

Et voilà, ma cousine, l'histoire de l'obélisque du Vatican, telle qu'il me l'a contée lui-même. Il me l'a dite en rac-
courci, et, aujourd'hui, je brode autour en vous la transmet-

tant. J'ai beaucoup trop bavardé, une fois encore. Oh! le maudit défaut qui fait perdre leur temps aux bavards et à ceux et celles qui les écoutent ou les lisent.

Notre voiture part enfin vers la Ville. Encore un mot sur l'obélisque. Bénis et présidés par Sixte-Quint. l'architecte Dominique Fontana et huit cents hommes aidés de cent quarante chevaux. s'évertuaient. au milieu d'une foule en silence (il y avait peine de mort pour quiconque éleverait la voix pendant l'opération), à dresser le monolithe. et les cordages. allongés par ce poids énorme. ne pouvaient faire atteindre à l'obélisque le piédestal qui lui était réservé. Au milieu de l'angoisse générale. un homme. au mépris de la défense papale. jeta la phrase libératrice : « De l'eau aux cordages! » La foule resta un instant stupéfaite d'une témérité si grande. mais bien vite Dominique Fontana fit exécuter le conseil. Les cordes mouillées. malgré le poids qui les sollicite. se retirent. et l'obélisque entraîné lentement et invinciblement par cette force puissante tout à l'heure insoupçonnée, se dresse superbe. face à Saint-Pierre.

Au lieu d'être puni. l'homme au conseil fut remercié et honoré. Il le méritait bien.

Je finis ici ma lettre sans avoir commencé le récit de notre première excursion à travers Rome. Depuis le temps. notre voiture a fourni sa course. Toutefois. j'ai été si long déjà que je remets les impressions de cette course à une lettre prochaine.

A Dieu. ma cousine.

TREIZIÈME LETTRE

Ma Cousine.

Au galop des chevaux libres de dépenser leur ardeur si longtemps contenue. nous avons traversé le pont Saint-

Ange. De ce pont et du fort du même nom je vous parlerai une autre fois. Aujourd'hui, nous ne faisons que les apercevoir, et déjà nous voici, au bout de quelques minutes, devant la plus belle de toutes les belles fontaines romaines : la fontaine de Trévi.

J'aime de cette fontaine la façade grandiose adossée au palais Conti, les portiques à colonnes, les statues, les bas-reliefs, les rochers d'où s'échappent des cascades bouillonnantes qui vont s'apaiser en des vasques de marbre; j'aime de cette fontaine surtout l'eau vierge : *acqua vergine. Acqua vergine*: ce nom me ravit. Et il me semble qu'à cause de lui, cette eau que je vois s'échapper limpide et belle est plus pure encore, qu'elle possède des transparences indicibles, de ces transparences d'âmes virginales douces aux regards de Dieu et des hommes.

Acqua vergine: l'eau vierge; savez-vous d'où vient ce beau nom, ma cousine? C'était sur l'ancienne voie Collatine, entre Palestrine et Tivoli, où se trouve la ferme de Salona. Des soldats d'Agrippa évoluaient. Pressés par la soif et ne trouvant point d'eau, ils étaient fort en peine, lorsqu'ils aperçurent une jeune fille. Patricienne ou plébéienne? Je ne sais. En tout cas, très fière et farouche un peu, comme les Romaines. Elle allait sans doute sous les ombrages de Tivoli, poursuivant un rêve, un troupeau, peut être le troupeau et le rêve à la fois. Tout à coup elle s'arrête craintive: elle a vu des hommes. Le rêve n'attendrit plus son regard, le troupeau a fui sa pensée. La rougeur monte à son visage. Ses yeux deviennent durs. Que lui veulent ces soldats? Elle est seule: ce n'est pas le héros de son rêve ou les chiens préposés à la garde de son troupeau qui peuvent la protéger contre une légion romaine. Elle est pâle maintenant. Dans ses yeux brille l'acier d'une volonté inflexible: la mort plutôt que le déshonneur. Elle se raidit dans un suprème effort. Elle est admirable de fierté pudique et d'héroïsme. Les hommes s'avancent, ils sont près d'elle. La vierge leur jette un regard courroucé. Mais quoi! ce ne sont point des débauchés. Ce sont des exténués au regard have qui mendient un peu d'eau. La belle Romaine s'apaise. Le courroux l'a quittée. Avec noblesse elle relève les plis de sa robe tombante, descend du petit mamelon où, près d'une yeuse, comme en un fort, elle s'était cantonnée, et se met à la tête de la troupe. Elle va très digne. Les hommes la suivent, émerveillés. Le chemin ne semble pas long à leur fatigue. La belle Romaine s'arrête. D'un geste elle indique l'endroit retiré d'où jaillit une source superbe, et, comme les hommes se prosternent pour la remercier, elle se retire, adorablement droite et fière.

Telle est, ma cousine, l'histoire embellie de poésie de cette eau qui, amenée à Rome par les soins d'Agrippa, me procure quelques instants de gracieuse rêverie.

En route de nouveau. Nos instants sont comptés, et tant d'autres merveilles attirent notre curiosité. Nous arrivons à la place du Quirinal et au Quirinal lui-même. Sur la place, encore une magnifique fontaine ornée de deux groupes d'hommes et de chevaux d'un travail si pur et d'une facture si antique, que d'aucuns les attribuent à Phidias et à Praxitèle. N'ayant point le loisir de contrôler l'historicité de cette donnée, je vous la transmets, ma cousine, comme on me la transmit...... Relativement au palais qu'embellirent Dominique Fontana (celui de l'obélisque du Vatican) et Charles Maderne (le statuaire de notre petite Cécile), et dont, en même temps que nous voyons la masse imposante, nous apercevons les beaux escaliers et les somptueux jardins, je vous dirai ce que tout le monde sait : qu'il a été ravi

aux papes par les souverains italiens auxquels il sert maintenant de résidence. C'est du Quirinal que Napoléon Ier fit
arracher Pie VII en 1809. et que Pie IX. en 1848. prit le
chemin de l'exil. Ce palais est fatidique. ce palais est le fruit
du mal. et il me semble que le jeune roi et la gracieuse reine d'Italie y doivent dormir d'un sommeil lourd et peuplé
de cauchemars. Peut-être. au contraire, y font-ils des rêves
de bonheur. comme il sied à leur âge. Qu'importe d'ailleurs.
Ils peuvent bien dormir en paix. le jeune roi et la gracieuse
reine : la faute est toujours là.

Au delà des jardins du Quirinal. se trouve l'église déca-
gonale de Saint-André du Quirinal. où repose le corps de
Saint-Stanislas Kostka. Cette douce figure nous repose des
Radet. des Garibaldi et des Mazzini dont. tout à l'heure. les
figures de révolutionnaires et de bandits s'évoquaient à notre
mémoire.

Après Saint-André, Sainte-Pudentienne. très riche de
pieux et touchants souvenirs. Je désirerais. pour ma part.
que cette église fût plus somptueuse. Les richesses et les arts
ne sauraient trop orner ce berceau du christianisme établi
par Pierre, et d'où devaient, avec tant d'autres nourries du
Verbe divin et formées par le prince des Apôtres. s'élancer
amoureusement sur les traces du Christ les âmes suavement
belles de Pudentienne et de Praxède.

Pudentienne et Praxède. filles du sénateur Pudens. aris-
tocrates habitantes de cette rue Patricia où demeurait la
haute noblesse romaine (maintenant rue Sainte-Pudentienne : l'humble petite sainte a vaincu la fière patricienne !).
furent des premières. avec leur père. leur mère Priscilla.
leurs frères Timothée et Novatus, à être converties par
Saint Pierre venu tout d'abord ici parce que ces quartiers
de l'Esquilin et du Viminal étaient fréquentés par les étran-

gers arrivés d'Orient, et peut-être aussi parce que l'y avait attiré (les saints ont de ces intuitions, de ces divinations profondes qui leur font découvrir les belles âmes) le doux parfum de vertu exhalé par les deux fleurs qui s'épanouissaient en la maison de Pudens.

Quel étonnant spectacle offrait l'intérieur du sénateur romain ! Alors que chez le trop riche Sénèque (*Senecae prædivitis*) dont les jardins joignaient la demeure de Pudens, les trésors s'entassaient à l'envi, chez Pudens ils devenaient le patrimoine des pauvres ; alors que la foule romaine se ruait aux temples des idoles et aux arènes des gladiateurs, recueillie autour de Pierre, suspendue à ses lèvres, dans cette maison déjà un sanctuaire puisqu'aussi bien sur une table de bois pieusement conservée, l'Apôtre y célébrait l'auguste sacrifice, la famille sénatoriale écoutait la parole divine afin d'en imprégner sa vie.

Et le verbe divin transparaissait lucide à travers les actes de la sainte famille de la rue Patricia ; surtout il s'épanouissait en ces deux vertus inconnues avant le Christ : la charité et la chasteté. Ailleurs, les esclaves sont battus, jetés aux bêtes ; ici, délivrés de leurs chaînes, et, par le baptême, du joug du démon, ils invoquent, aux côtés de leurs maîtres, le Père commun qui est dans les cieux. Et tandis que sur le Mont-Esquilin, en particulier, le vice romain, chaque soir, clame ses appels lascifs par l'organe enroué de ses courtisanes, Pudentienne et Praxède, de leurs cœurs purs, font à l'Epoux une demeure permanente où, parmi les lis, il repose.

Pudentienne et Praxède ! oh ! les douces petites amantes de Jésus ! Voyez ! Si jeunes (elles ont à peine quatorze ou quinze ans !) elles s'empressent à trouver des fidèles au Christ ; elles ouvrent à la grâce, par leurs industries naïves et suaves, les âmes que Pierre achève de donner à Dieu. Sous l'influence combinée du prince des Apôtres et des deux petites sœurs, les assemblées chrétiennes de la maison de Pudens deviennent si nombreuses qu'elles sont obligées de transporter leur siège dans les catacombes de Saint-Calixte. Et les petites sœurs exultent : les moissons deviennent plus vastes qui doivent mûrir pour l'éternité bienheureuse.

En même temps que d'évangéliser, Pudentienne et Praxède avaient à cœur de rechercher les corps des martyrs et de leur donner la sépulture. Nous voyons le puits où Pudentienne exprimait le sang des martyrs recueilli avec des éponges, et sous les dalles des nefs, nous savons, d'après la tradition, que trois mille corps saints reposent.

Or, Pudentienne, n'ayant que seize ans, partit pour le ciel. Praxède la pleura, l'enveloppa de parfums, puis la cacha en attendant de pouvoir la faire porter au cimetière des chrétiens. D'une grande salle de thermes de la maison paternelle, elle fit une église qu'elle mit sous le vocable de sa sœur. Et les jours s'écoulaient pour la petite sainte, pleins de mérites et de bonnes œuvres lorsque, sous l'empereur Antonin, des soldats investirent son oratoire et y tuèrent le prêtre Simétrius et vingt-deux fidèles. Ce fut le coup fatal porté à cette créature aimante déjà si éprouvée par la mort de sa sœur. « La bienheureuse ensevelit les corps des martyrs. Après quoi, accablée d'affliction, elle souhaita de mourir. Ses larmes montèrent au ciel ; cinquante-quatre jours après la passion de ses frères, elle s'en alla à Dieu. »

A peine, au sortir de Sainte-Pudentienne, avons-nous quelques minutes pour nous livrer aux pieuses pensées qui nous inondent l'âme. Déjà nous voici, sur le sommet du Mont-Esquilin, en vue de Sainte-Marie-Majeure. Cette église fut bâtie par le patrice Jean et sa femme, à la suite d'une vision. et le lieu où elle s'élève fut miraculeusement indiqué par une abondante tombée de neige, un jour de cinq août, sous le pontificat de Libère. C'est, nous disent nos petites compagnes qui sont fières de l'avoir visitée l'année précédente, la plus belle des églises consacrées à la Sainte-Vierge, et dans leur affirmation hasardée elles doivent avoir raison tant est superbe Sainte-Marie-Majeure. Nous donnons un regard hâtif à la belle colonne de marbre blanc surmontée d'une vierge en bronze qui orne la place, et à la façade de l'église qui avec ses colonnes superposées formant double portique m'a paru trop chargée de détails, et pénétrons dans la basilique. — N'est-ce pas qu'elle est très belle l'église de notre prédilection? interrogent nos aimables *cicerone* — Oh! oui, très belle — Ah! nous savions bien, disent-elles, amusées de l'air convaincu avec lequel nous avons souscrit à leur jugement. Et nous procédons à l'inspection, trop rapide à notre gré, de la charmeuse basilique. Et ce sont des éblouissements qui, de tous côtés, frappent nos regards, des éblouissements d'ors et de peintures, des éblouissements de blancheur à la vue des admirables colonnes de marbre blanc qui, ravies au temple de Junon Lucine élevé autrefois à cet endroit, séparent actuellement les nefs du sanctuaire de la Vierge. Ici, comme dans presque toutes les églises romaines, la matière, autrefois prostituée à célébrer l'erreur, chante les splendeurs de la vérité chrétienne. L'or des soffites me semble particulièrement resplendir et lancer des rayons très purs. Ailleurs, l'or peut être un corrupteur effrayant; les noirceurs du vice peuvent obscurcir son éclat. Ici, il est vierge: l'or des soffites de Sainte-Marie-Majeure, il est le premier que Ferdinand et Isabelle reçurent en présent de l'Amérique à son réveil.

Dans la chapelle Borghèsienne. nous contemplons. entourée de lapis-lazuli et autres pierres précieuses, et soutenue par quatre anges de bronze doré. l'image de Marie peinte par Saint-Luc. des peintures du chevalier d'Arpin, de Civoli. du Guide ; et. aux tombeaux de Paul V et de Clément VIII, des statues et des bas-reliefs de Cordieri et du Bernin. Au chœur de la basilique. c'est une grande mosaïque. véritable traité de théologie *de Virgine Matre Dei.* qui captive nos regards. puis l'autel papal. urne de porphyre ayant servi de tombeau au patrice, fondateur de l'église. La confession renferme les reliques de la nativité du Verbe. entre autres les petites planches ayant appartenu à la sainte Crèche. Une remarquable statue de Pie IX. par Jacometti. en occupe le centre. La magnifique chapelle du Saint-Sacrement que nous visitons pour finir, contient les restes de Sixte-Quint, de Saint-Pie V et de Saint-Jérôme. Autrefois. la crèche de Notre-Seigneur y était déposée. On portait en procession cette insigne relique. la nuit de Noël. J'ai lu quelque part (peut-être ce pieux usage a-t-il disparu comme tant d'autres) qu'à cette occasion. au milieu du peuple romain transporté à Sainte-Marie-Majeure. dans ce décor grandiose devenu plus splendide par des illuminations féeriques. ne craignant point de voir leur art modeste déprécié malgré l'art supérieur des beaux chants qui se faisaient entendre. les Pifferari, joueurs de cornemuse venus de la Sabine ou des Abruzzes. modulaient des airs qui, par leur caractère antique et champêtre. faisaient rêver de Tityre et de sa muse agreste.

Sur ces airs de cornemuse qui d'ailleurs. ma cousine. ne troubleront en rien notre recueillement. nous allons. si vous le voulez bien. sortir de Sainte-Marie-Majeure. remonter dans notre voiture. et. après avoir dépassé Sainte-Bibiane.

traversé la ligne du chemin de fer et franchi la porte San-Lorenzo, nous rendre directement à la basilique dédiée à Saint Laurent.

Ce bienheureux martyr, avant que de trépasser, pro_nonça des paroles qui durent piquer et émerveiller ses persécuteurs : les piquer, parce que ironiques, cruellement; les émerveiller, parce que pleines de visions de l'au-delà. Placé sur un gril rougi par la fureur païenne, au milieu des crépitements de sa chair mordue par le feu, le visage divinement résigné, le saint diacre de Sixte II disait au préfet romain son impie tyran : « La cuisson est suffisante, prends et mange. Tes supplices sont inutiles : les richesses de l'Église par moi détenues et dont tu voulais t'emparer, les mains bénies des pauvres les ont transportées aux trésors du ciel... Pour moi, la nuit de la mort où je vais entrer n'a point d'obscurité : tout à mes yeux sur le point de se clore s'illumine de clartés divines.. Ma nuit n'a point d'obscur; tout resplendit de lumière. »

Le portique très simple de la basilique, soutenu par six colonnes antiques, contient de vieilles fresques qui expriment le supplice du martyr. A l'intérieur, près de la porte, un sarcophage dont le bas-relief mutilé représente des épousailles païennes, et au fond du chœur, un ancien siége pontifical de marbre incrusté de mosaïques. A droite du maitre-autel, reposent les corps de Saint Laurent et de Saint Etienne, et non loin, heureuse sans doute de ce voisinage sacré, la dépouille mortelle du grand pontife Pie IX.

Notre prière faite aux martyrs, nous nous dirigeons vers le tout proche *camposanto* de Saint-Laurent Ce cimetière est beau. Toutefois ce n'est pas le site incomparable ni l'achevé de celui de Gènes. Des inégalités de terrain nous cachent les monuments. Nous découvrons le tombeau

d'Antonelli, en forme de tour très simple et aux frises bien
dentelées. et le monument dédié aux braves morts à Mentana
pour la défense du Saint-Siége. Nous nous promenons dans
le portique. Des tombeaux, semblables à ceux de Gènes.
captivent nos regards. L'un d'eux me charme particulièrement. Sur son lit de mort, dans une profusion de plis et de
dentelles, une jeune Romaine est couchée. D'un geste fatigué, elle étend la main sur son enfant à genoux près d'elle.
cependant qu'au pied de la couche, si mes souvenirs sont
exacts, pleure son mari désolé. Et voici l'épitaphe qui ajoute
encore à la beauté de cette scène. Pas de nom, tout d'abord,
et cette omission voulue fait passer sur les épithètes louan-
geuses qui, autrement, auraient une teinte de vanité :

Figlia sposa, madre adorata, fillua
d'anima et di forma bellissima.
Piena di grazie nel cuore nella nai mente
a XXIX anni sentendo venire la morte
Abbraccio l'unico figlio conquesti sante parola
Ama deo il padre la patria

Quell'amplesso e quella angoscia
il marito scultore nel marmo
pianglando eterno.

Mori nel 1872

Epouse fidèle, mère adorée, fleur
d'âme et très belle de forme.
Remplie des grâces de l'esprit et du cœur,
A vingt-neuf ans, sentant la mort venir,
elle embrasse son unique fils et saintement
lui dit : Aime Dieu, ton père, la patrie.

Quelle peine, quelle angoisse,
le mari sculpteur en marbre
pleurant éternellement

Morte en 1872.

Sens probable :
Quelle peine ! quelle douleur !
Le désolé mari pleurera
Eternellement sur ce marbre.

« Aime Dieu, ton père, la patrie » ! Voilà qui est beau, et j'imagine que ce fils, pour peu qu'il ait eu au cœur le souvenir aimant de sa mère, n'est point devenu, après de telles recommandations, un sans-Dieu doublé d'un sans-patrie.

A notre retour de Saint-Laurent, nous ne faisons que passer, très en retard que nous sommes, devant l'église des Capucins. J'aurais été curieux du Saint-Michel, chef-d'œuvre du Guide. Quant au cimetière des susdits Capucins où, nous disent nos voisines, en des chambres voûtées, des dessins variés et des ornements de tous genres sont formés avec les os des pauvres moines trépassés, et où d'espace en espace, des squelettes sont revêtus de la bure grise et de la corde monacales, il ne me tente nullement. Je n'aime point le macabre, fût-il patronné par des Capucins.

Encore un moment de course, et la Villa Médicis s'offre à nous dans son site merveilleux, avec sa parure de jardins ; enfin, c'est le Pincio superbe promenade d'où l'on domine d'un côté la villa Borghèse, de l'autre la vallée du Tibre, la Ville et la place du Peuple.

Avec le Pincio se clôturera ma relation d'aujourd'hui. Je suis fatigué ; vous ne devez pas moins l'être. J'ai fini. Toutefois puisque nous sommes devant Saint-André delle Fratte, au souvenir de la conversion miraculeuse de monsieur Ratisbonne, laissez-moi, avec vous, faire monter vers la Vierge cette invocation qui agrée tant à son cœur, qu'elle l'a voulue inscrite sur la médaille miraculeuse : « O Marie conçue sans péché, priez pour nous qui avons recours à vous. » Cette fois, j'ai bien fini.

A Dieu, ma cousine.

QUATORZIÈME LETTRE

Ma Cousine,

Vous avez dû trouver ma dernière lettre bien longue
et bien fastidieuse. Elle était, j'en conviens, bourrée d'histoire à en éclater. « Les souvenirs historiques entrent pour
beaucoup dans le plaisir ou dans le déplaisir du voyageur, »
a écrit monsieur de Chateaubriand. Il aurait pu ajouter : et
du lecteur.

Je suis persuadé que les souvenirs historiques, fournis
à trop forte dose en ma dernière épitre, sont entrés dans
votre déplaisir à vous, ma lectrice indulgente, et vous m'en
voyez tout fâché. Las ! las ! qui me donnera le moyen d'être
instructif sans être lourd et ennuyeux ! Ce que je voudrais,
ce serait, non pas, ma cousine, ne point vous entretenir d'histoire (cela est impossible à qui parle de Rome), mais du moins
le faire légèrement, l'effleurer à la façon de ces divinités fabuleuses dont nous parle Fénelon « qui coulaient
dans les airs sans poser le pied sur la terre. » Je ne le puis,
malheureusement. Toutefois, si vous vous irritez de voir s'essayer à courir une plume si lourde, prenez-vous en à moi
tout d'abord, je le veux bien, mais aussi à vous. Ces lettres,
ma cousine, c'est vous qui les avez voulues.

Ce préambule plutôt oiseux établi, après Scipion et tant
d'autres triomphateurs, pour aujourd'hui, montons
au Capitole. Le chemin est un peu raide. C'est un escalier au pied duquel dorment deux lions de basalte placés là,
semble-t-il, pour contrôler nos titres à si belle et honorable
ascension. Nous ne nous soucions guère de leurs figures
rébarbatives, et escaladons bravement les marches, nous

réconfortant à cette pensée que si nous n'avons point le génie d'un Scipion. nous avons tout au moins une mentalité, une moralité supérieures à celles du fameux Rienzi qui, sans s'élever, atteignit ce faîte d'où la gloire. quoi qu'on en dise. lui fut très avare de ses sourires.

Ce Capitole, d'ailleurs. ne m'émotionne pas outre mesure. et, pour le moment. je ne souscrirais point au désir formulé en cette phrase étudiée que lança Corinne. un jour qu'avec Oswald elle gravissait ces degrés: « Je voudrais bien que cet escalier fût le même que monta Scipion. lorsque repoussant la calomnie par la gloire, il alla dans le temple pour rendre grâces aux dieux des victoires qu'il avait remportées. » Les statues de Castor et Pollux placées à la partie supérieure de l'escalier, et lesdits Castor et Pollux avec tous leurs biceps et les chevaux domptés par eux, me laissent indifférent. Quant à la belle statue équestre de Marc-Aurèle et à Marc-Aurèle lui-même à côté duquel, malgré les *Pensées*, je ne puis m'empêcher de voir Faustine, ils ne précipitent aucunement les pulsations de mes artères. Bien plus. tout cela. au lieu de m'émouvoir. a le don de m'agacer. et, comme de la roche Tarpéienne il me semble entendre niaisement crier des oies. en même temps que dans un bazar où se sont réfugiées des célébrités antiques et douteuses. j'ai la sensation d'être dans une ménagerie. Au reste, pour me confirmer dans cette dernière sensation, voici que viennent de hurler. dans leur cage. deux louveteaux placés ici par la piété romaine, en souvenir de leur archi-grand'mère. cette louve fameuse qui. au rapport d'historiens crédules nourrit de son lait Romulus et Rémus. Je ne sais trop pourquoi. sur ce mont Capitolin que je ne gravirai jamais en triomphateur. je deviens. par envie peut-être. sarcastique et méchant. Partons d'ici, et à Sainte-

Marie *in Ara Cœli*, afin de déposer toute aigreur, prosternons-nous aux pieds du *Santissimo Bambino*.

Ce *Santissimo Bambino* me charme par sa bonne et grosse figure de poupon, son regard plus qu'humain qui s'essaie, sans y parvenir, à être divin, sa belle tunique de soie blanche chamarrée de pierres précieuses. Car il est vêtu très richement, plus richement, et c'est justice, que les petits princes de ce monde. Ainsi couvert de grâce et de splendeur, il est l'adoré des Romains et des Romaines. On le fait venir à soi, dans la maladie, afin d'être guéri par sa vue et son attouchement. Pour ses visites à domicile, le *Santissimo Bambino* a sa voiture particulière, et lorsque, à travers les vitres de son coupé, les Romains l'aperçoivent souriant de son bon sourire, ils se prosternent et le suivent de leurs yeux et de leurs âmes ravis. Il est si beau et si doux, si grand malgré sa taille exiguë : doux comme un enfant, beau et grand comme un Dieu !

Mais son triomphe au *Santissimo Bambino*, c'est bien, j'imagine, lorsqu'au temps de Noël, exposé dans une crèche, les petits Italiens, riches et pauvres, viennent le visiter. Ils sont là, les petits, en leur langue musicale et avec une mimique incroyable, qui lui font leurs discours, discours de congratulations, de condoléances, que sais-je encore (ils ne manquent point de faconde ces petits Italiens), cependant qu'immobile au mileu de ce mouvement un tantinet tapageur, l'Enfant-divin sourit, toujours très doucement.

Et comme il me déplaît, ma cousine, après cette vision gracieuse, de vous entraîner avec moi à la prison Mamertine, de vous faire passer de cette splendeur et de ces sourires à cette obscurité et à ce froid. Les itinéraires implacables le veulent ainsi. Que leur volonté soit faite! Il en va de ma narration comme de la vie humaine qui, sans transition

aucune. voit se succéder les jours brillants et ceux remplis
de tristesse. Toutefois la tristesse qui règne à la prison
Mamertine n'est qu'une tristesse partielle: sa nuit est illumi-
née. comme par de grandes clartés fulgurantes. des héroïs-
mes dont elle fut témoin.

Voyez-vous de cette prison l'horrible cachot inférieur.
espèce de citerne, où l'on n'accédait que par le trou circulaire très étroit pratiqué dans la voûte de pierre. Ici périrent
Jugurtha et les complices de Catilina; ici, tressaillons de
fierté à ce nom synonyme de grandeur chevaleresque dans
l'adversité, notre Vercingétorix le vaincu de Rome. plus
sublime en sa défaite que César en son triomphe. ici surtout. souvenir cher à nos âmes chrétiennes. Pierre et Paul.
durant huit longs mois, furent enfermés par haine de Jésus.
A force de sainteté. les deux apôtres convertirent leurs geô-
liers et les baptisèrent d'une eau miraculeusement jaillie et
qui continue de couler encore. Ce cachot exigu est plus
grand que le Capitole: il a vu les souffrances des martyrs
de la patrie et de la foi.

De la prison Mamertine d'où nous le découvrons, nous
nous engageons à travers le Forum. Au sein de ces monuments en ruines à l'heure actuelle. se concentrait jadis.
avec une incroyable intensité, la vie du peuple romain. De
toute cette vie. de toutes ces clameurs dont les échos faisaient retentir l'univers, il ne reste plus rien que le silence
des décombres. et parmi ces décombres. misère des choses
humaines! nous cherchons en vain quelque débri de cette
fameuse tribune d'où le plus grand des orateurs romains.
Cicéron, gouvernait. après l'avoir charmé. le peuple le plus
fier du monde. Rien, plus rien! Le temps. après l'orateur.
a emporté la tribune. De cet homme si fat il ne reste. sur
le terrain de ses exploits. aucun palpable souvenir.

Rongeurs impitoyables des rostres de Cicéron. les siècles ont pourtant laissé debout. de-ci de-là. de par le Forum. des monuments remarquables. Voici l'Arc massif de Septime Sévère. aux sculptures d'un goût douteux. mais à l'aspect robuste. et qui semble. si rien ne le dérange trop. devoir doubler son âge. bien qu'actuellement il ait dix-sept cents ans révolus. Sous cet Arc subsistent de larges dalles. vestiges de la Voie sacrée suivie par les héros qui allaient recevoir la consécration de leurs triomphes dans le temple de Jupiter Capitolin. Puis s'offrent successivement à nos regards les temples de Saturne et de Vespasien dont il ne reste que des colonnes surmontées d'un fronton. la colonne Phocas qui se dresse superbe, cependant que tout autour gisent lamentables des chapiteaux et des bas-reliefs sculptés avec art. le temple de Castor et de Pollux (trois colonnes cannelées surplombées d'un fronton). J'oubliais de mentionner. près de l'Arc de Septime Sévère. un temple élevé à l'ignoble Faustine par son sot époux Marc-Aurèle. Je l'appelle sot pour ne pas l'appeler corrompu. Mon choix limité entre ces deux appellations se porte sur la première qui me semble plus louangeuse et mieux convenir aux prétentions de moraliste de Marc-Aurèle. Cet homme était un sot; je préfère qu'il soit un sot. C'est tout l'éloge. plus vrai que celui de Thomas. que me suggère Faustine déifiée par son mari.

Des églises construites autour du Forum ou sur le Forum. nous ne voyons que celle de Sainte-Françoise-Romaine bâtie au lieu même où Simon le Magicien ayant eu la prétention de s'élever dans les airs. en présence de Néron, s'y éleva, en effet. pour s'abattre lourdement aux pieds du tyran furieux qu'il éclaboussa de son sang. Une toute petite prière de Saint Pierre fit dégringoler le fameux

magicien qui n'avait point, pour parer à des éventualités
fâcheuses. la merveilleuse machine de monsieur Santos-
Dumont. En face de cette église. de l'autre côté du Forum.
se dresse l'Arc de Titus. Nous ne faisons que l'apercevoir
et qu'apercevoir aussi la petite église bâtie à l'endroit où
le courageux martyr Sébastien fut percé de flèches. Relisez
à ce sujet. ma cousine. les pages si belles de « Fabiola. »

Pour l'instant. nous longeons le Palatin. Nous ne pouvons le visiter. hélas! C'est l'emplacement de la Rome primitive, là qu'habitèrent. dans la suite. Cicéron, Hortensius.
les Gracques. Plus tard, ce mont fut occupé en entier par
le palais des Césars. le « palais d'or » dont Auguste. Tibère, Caligula et Néron, bâtirent les quatre côtés.

Nous n'avons pas visité le Palatin ; toutefois, à la vue de
ses ruines. nous avons évoqué quelques unes des scènes qui
l'animèrent, et cette évocation est effrayante. Enten-
dez-vous ces cris? C'est Germanicus qui va mourir, empoisonné par son oncle Tibère. Agrippine qui s'affale assassi-
née par son fils Néron. Cet homme que l'on traine au Tibre.
le long de la Voie Sacrée. et dont la lâcheté en face de la
mort excite la cruauté de ses bourreaux. c'est Vitellius. Cet
empereur. hideux à voir vivre et à voir mourir, « avait pris
l'empire pour un banquet. » Quant à Caracalla et Héliogaba-
bale. ils perpétrent. entre ces murs, leurs débauches
infâmes. Cependant, au-dessus de ces ruines. de ces cris
de rage et de ces « hennissements de la luxure ». pour reposer
de tant d'horreurs, flotte l'image d'une héroïne douteuse
mais charmante. à la douce figure encore adoucie par
notre doux Racine : Junie, Junia, Calvina, de la famille
d'Auguste. sœur de Silanus. jeune, belle. au témoignage de
Tacite la plus enjouée des jeunes filles : *festivissima omnium*
puellarum. sœur ainée. ma cousine, de notre folâtre,

gracieuse et prenante duchesse de Bourgogne, cette « petite âme obscure qui peut-être ne se connaissait pas bien elle-même, et s'est envolée sans avoir dit son secret. »

Nous avons dépassé le Palatin et la Meta sudans, ruines d'une grande fontaine en forme de borne où les gladiateurs venaient se laver et boire ; nous arrivons au Colisée.

Cet amphithéâtre de deux cent quatre-vingt-cinq mètres de long sur cent quatre-vingt-deux de large, pouvait contenir quatre-vingt-sept mille spectateurs, sur les gradins, et vingt-quatre mille dans les galeries de sa partie supérieure, cependant que sans être le moins du monde gênés, se prélassaient les grands personnages, les prêtres et les vestales sur le Podium ou plate-forme du mur d'enceinte de l'arène. Commencé sur les ordres de Vespasien par douze mille prisonniers juifs, il fut achevé par Titus. Pour inaugurer dignement le grand Colosse, cinq mille bêtes féroces et trois mille gladiateurs jonchèrent de leurs corps l'arène ensanglantée.

Le voilà donc ce fameux Colosse. Bien qu'abimé par les siècles, il a encore superbe mine. Nous allons à travers ses galeries où se précipitaient jadis les peuples ivres de sang, nous errons dans les enfoncements de ses loges et de ses corridors. Parmi les touffes d'herbes poussées aux jointures des moellons énormes, je cherche, ma cousine, une sœurette de la fleur cueillie par Louis Veuillot, un matin de printemps, que « mille oiseaux chantaient, mille fleurs s'épanouissaient: fleurs d'or, fleurs d'azur, fleurs de pourpre », et qu'il a si divinement chantée. Je ne la trouve pas, hélas ! Je ne la trouve point, non plus, la croix qui ornait le milieu de l'arène. Elle n'est plus là. Des mains impies l'ont enlevée, mais en fermant les yeux je l'aperçois très net. Elle resplendit. Auprès d'elle le grand évêque de Tulle déroule le fleuve majestueux de son éloquence. A ses côtés, Monseigneur Sergent. évêque de Quimper. et Monseigneur Gignoux, évêque de Beauvais. à « la douce et sereine figure. » Dans l'auditoire, Hermann, Listz et Veuillot. artistes. qui des sons, qui de la parole. Oh ! la grandiose scène et les grands acteurs. et comme il m'aurait plu, au lieu de l'évoquer simplement. d'en être le témoin.

L'enchantement disparaît : mes yeux rouverts se sont fixés tout en bas. sur les ouvertures sombres d'où s'élançaient au combat. nivelés par le paganisme. les bêtes et les hommes. Oh ! les pauvres gladiateurs. hommes superbes. amenés de loin souvent. de la Germanie touffue, voire même de notre Gaule mystérieuse. dont les yeux durs se mouillaient parfois sans doute parce qu'en eux venaient de s'éveiller des visions de forêts ombreuses et de claires fontaines, de tribus belliqueuses errant à l'aventure. de femmes chères et d'enfants adorés, des visions de la patrie enfin, et qui refoulant ces pleurs comme indignes. venaient, fiers jusque dans la mort. s'incliner, vaincus splendides. devant l'omnipotent César : César. ceux qui vont mourir te saluent, et qui mouraient en effet après avoir fait preuve d'une force herculéenne mise au service d'une bravoure indomptable. dans une pose héroïque, afin que l'on constatât que si leur patrie avait été vaincue, c'était non par faute de bras nerveux et de courage. mais parce que les destins. presque toujours serviteurs dociles du nombre. l'avaient ainsi voulu. Oh ! les pauvres gladiateurs aux âmes obscurcies par les superstitions païennes, qui sont morts ici parce qu'il fallait mourir, ne sachant pas donner à leur mort la vertu d'un sacrifice, et dont les âmes, par milliers, ne pouvant pas rêver, ô douleur infinie. du bonheur que le Christ nous a ouvert par delà la tombe, s'en allaient tristes, tristes à faire pleurer.

Mon Dieu, mon Dieu, quel problème vertigineux que le sort des âmes qui n'ont point connu votre Fils Jésus dans lequel est le salut, la vie et la résurrection. Mais aussi quelles clartés sur le sort de vos aimés qui vous ont donné, en témoignage de leur amour, ce présent seul gage de l'amour véritable: leur vie. Et qu'ils sont nombreux ceux qui, au Colisée, firent cette offrande sublime d'eux-mêmes, presque aussi nombreux que les grains de sable de cette arène qu'ils foulèrent de leurs pieds magnifiques de prêcheurs du Verbe, et teignirent de la pourpre de leur sang. Quelques noms de martyrs s'offrent à ma mémoire. C'est Eustache, capitaine de cavalerie sous Titus et général des armées sous Adrien, et avec lui sa femme et ses deux fils; les vierges Martine, Tatiane et Prisca, toutes trois filles de consuls et de sénateurs, le sénateur Julien, Marin, fils de sénateur, et la foule des autres dont les noms, pour la plupart inconnus des hommes, brillent, aux regards des anges, de l'éclat le plus vif, et qui attendent le jour où, suivant leur promesse, ils jugeront, aux côtés du Christ, les juges iniques qui les ont condamnés: *Ave. Cæsar, morituri te judicabunt.*

Parmi cette foule sainte venue ici des quatre coins du monde pour mourir, il me plait de détacher une figure. Ce ne sera pas, comme à Lyon, la figure attachante d'une vierge, bien qu'elles abondent et si douces! Il m'agrée de fixer pour quelques minutes mon attention et la vôtre sur un vieillard, un saint vieillard. Je veux vous parler d'Ignace, évêque d'Antioche.

C'était en l'an 107 du Christ, et Trajan, vainqueur des Daces, était sur le point de quitter Antioche pour aller combattre les Arméniens et les Parthes, lorsqu'il reçut la visite de l'évêque Ignace. Des bruits de persécution contre son église avaient couru, et le bon pasteur, justement alarmé, venait, avec la simplicité qui caractérise le sublime, faire l'offrande de sa vie pour son troupeau. Une telle démarche aurait attendri le cœur d'un homme ; elle ne toucha point cette bête lettrée et compliquée qui s'appelait Trajan. Un prétexte était donné à cet empereur, soi-disant moins pervers, de pratiquer un acte de perversité, et il s'empressa de le saisir et de rendre l'arrêt suivant où il essaya de mettre de l'ironie : « Nous avons ordonné qu'Ignace, qui prétend porter en lui le crucifié, soit conduit enchaîné dans la grande Rome (voyez-vous cette « grande Rome » comme elle est placée à dessein pour écraser de sa majesté ce pauvre fou d'Ignace « qui prétend porter en lui le crucifié ») afin qu'il y soit la pâture des bêtes, pour le divertissement du peuple. » Et Ignace, à la lecture de cette condamnation, tressaille d'allégresse. Il part pour Rome sous une escorte de soldats. Les soldats sont pleins de haine. Ignace déborde d'amour. Cet amour, sans l'amoindrir, il le sème sur sa route. Il l'épanche, à Smyrne, sur le cœur de l'évêque Polycarpe (et qui dira les effusions de ces deux saints qui avaient puisé la charité en l'âme de Jean, le disciple que Jésus aimait), et dans les lettres qu'il adresse aux églises d'Ephèse, de Magnésie et de Tralles. Mais sa pensée revient où l'appellent ses ardents désirs, et c'est alors qu'il adresse à l'Église de Rome de nobles pages où, après avoir salué « l'Eglise qui occupe le siége supérieur et réside dans la contrée des Romains, digne de Dieu, digne d'être appelée bienheureuse, digne d'être célébrée, digne de voir accomplir tous ses désirs, digne dans sa chaste fidélité ; qui préside dans la charité, et qui est marquée du nom du Christ et du nom du Père », il se fait humble, suppliant pour implorer le mar-

tyre. ne voulant point que l'on s'entremette afin d'obtenir
sa grâce : « Mon entreprise. dit-il, est heureusement commencée ; mais je crains que votre charité ne me soit funeste.
Jamais je n'aurai telle occasion d'aller à Dieu, et, si vous
m'aidez par votre silence. jamais aussi vous n'aurez accompli œuvre meilleure. Permettez seulement que je sois
immolé à Dieu, tandis que l'autel est prêt. Je ne vous parle
pas avec autorité, comme un Pierre ou un Paul ; ils étaient
des apôtres. moi je ne suis qu'un condamné : ils étaient
déjà libres. je ne suis encore qu'un pauvre esclave. » De
Troade où il vient d'arriver, afin de dépenser le zèle qui
l'anime, le saint évêque écrit aux églises de Philadelphie et
de Smyrne. Il fait ses adieux à Saint Polycarpe. Sa joie est
surhumaine : il a écarté de sa chère église d'Antioche le
péril de la persécution. il va recevoir la palme du martyre.
Les gardiens qui hâtent le voyage par crainte de manquer
l'époque fixée pour les jeux où Ignace doit figurer, comblent
son bonheur.

Le vaisseau touche Ostie. Des fidèles de Rome sont
venus jusque-là saluer le bienheureux confesseur. Lui
cependant les supplie de nouveau de ne point employer
leur crédit à empêcher son supplice. Ils se prosternent.
émus de tant d'abnégation. Avec eux le saint évêque prie
afin que la persécution étant enfin terminée. le règne de la
charité (ô Ignace, disciple de Jean !) s'étende glorieux, uni-
versel. à travers le monde. A peine arrivé à Rome. il
est poussé vers le Colisée. Un officier public proclame le
nom de l'évêque des chrétiens à Antioche. et aussitôt,
après avoir passé sous le fouet des *venatores* Ignace
s'avance dans l'arène.

Les jeux allaient finir. Déjà. pour réjouir les yeux du
peuple romain, dix mille hommes avaient versé leur sang,

et le peuple romain n'était point encore repu. Entendez-
vous cette clameur formidable s'échappant de cent mille
poitrines à la fois. C'est le cri du monstre qui veut encore
du sang. du sang chrétien. car ce sang. parait-il. possède aux
yeux du monstre une teinte incomparable et exhale à ses
narines un voluptueux arome. Un chrétien aux bêtes. un
chef de chrétien aux bêtes ! Et des gradins. des galeries. du
podium. s'élancent des paroles de mort Les yeux pleins de
haine sortent des orbites. dilatés par le désir cruel. Les
visages se contractent sous l'effort de la colère à son
paroxysme. les mains se crispent. avides de torturer et de
broyer. Des fluides de cruauté. toujours plus denses. satu-
rent l'atmosphère. L'air est rouge pour ces fous.

Cependant Ignace est parvenu au milieu de l'arène. Il
se met à genoux. Il parle les yeux levés au ciel. et sa posture est si digne. son regard si ferme et si doux à la fois,
que la canaille s'arrête de hurler afin d'écouter l'étrange
discours que doit tenir ce chef de chrétiens. Dans sa loge
le César prète une oreille attentive. sur le *podium* les sénateurs cessent de converser. les vestales de jaboter; le peuple des gradins s'est levé. et des galeries émergent des milliers de têtes curieuses. Dans l'arène. les bestiaires près de
lâcher les fauves se sont arrêtés. Or. voici ce que disait, en
sa langue mystique. l'évêque d'Antioche: « Je suis le froment du Seigneur. Que je sois donc moulu par les dents des
bêtes et que je devienne le pain du Christ. » Ces paroles
sont beaucoup trop élevées pour le niveau intellectuel de
l'assistance. Le César déçu se renfrogne. Les sénateurs. ren-
chérissant sur leur auguste maitre. s'irritent avec émulation.
les vestales glapissent. la canaille des gradins et des galeries
hurle de plus belle des paroles de mort. Les bestiaires
lâchent les fauves qui se précipitent. Quelque minutes à

peine d'un spectacle horrible où se repaissent charmés les
yeux du peuple le plus civilisé de l'univers, et de l'évêque
Ignace il ne reste que de menus os à demi broyés. La prière
du saint avait été exaucée. Pur froment du Seigneur moulu
à la lettre par la dent des bêtes, il était devenu le pain du
Christ. et son sang mêlé à tant d'autre versé pour la cause
divine, faisait du sable de cette arène où il s'épanchait, le
ciment indestructible sur lequel devait s'appuyer l'Église
avant que de lancer dans l'espace et dans le temps son
dôme toujours assailli, mais toujours radieux et immortel.

Avec le récit de ce martyre se terminera ma visite au
Colisée. Je me laisse entraîner par la beauté des hommes
et des choses et deviens démesurément long. Il me faut
pourtant encore vous conduire très rapidement à Saint-Jean
de-Latran. Cette église, la première de la Ville et du
monde. *mater et caput ecclesiarum*, mériterait mieux qu'une
description aride et sommaire. En voici le large perron qui
conduit au majestueux portique édifié par Borromini, cet
architecte qui par jalousie du Bernin, le préféré des papes
et du public, se perça de son épée ; à l'intérieur, sont les cinq
nefs avec chapelles autour et dont les somptueux plafonds
merveilleusement dorés et sculptés : le maître-autel surmonté d'un baldaquin élevé qui, dans le tabernacle de sa
partie supérieure, renferme les chefs de Saint Pancrace
avec ceux des saints apôtres Pierre et Paul ; la chapelle
Corsini, l'une des plus belles de Rome, le Christ de marbre de Maderno. *l'Ascension* du chevalier d'Arpin enterré
ici-même derrière le chœur avec André Sacchi, un autre
peintre célèbre ; le tombeau de Clément XII. urne antique
de porphyre, et celui d'Urbain VIII que domine une fresque
de Giotto : le cloître enfin, aux jolies colonnettes incrustées
de mosaïques. Arrêtons-nous un instant au baptistère de

Constantin, puis rendons-nous à la *Scala santa*, l'escalier du palais de Pilate que notre Seigneur monta par deux fois. Nous gravissons sur nos genoux, ô honneur insigne, ces marches qu'un Dieu a gravies, chargé de nos misères. A Sainte-Croix-de-Jérusalem bâtie par Sainte Hélène, nous vénérons le bois de la Sainte Croix, le titre que Pilate fit mettre sur la croix du Sauveur, deux épines de la Sainte Couronne et un clou de la Passion. Saint-Pierre-aux-liens, construit sur le point culminant du mont Esquilin, à l'endroit où, dit-on, Saint Pierre avait édifié un oratoire au Sauveur, nous offre, avec les chaînes du Prince des Apôtres et des marbres de Paros, le fameux *Moïse* de Michel-Ange. J'aime ce Michel-Ange, et je vous en parlerai longuement avant peu, à propos de la Sixtine. Qu'il me suffise de vous dire que son *Moïse* est admirable de sévérité, de grandiose, de vérité et de vie. Michel-Ange est surhumain. Mon admiration ne peut aller assez grande à ce génie qui enfanta des Titans et des dieux.

Au forum de Trajan que nous traversons fatigués, nous examinons à la hâte, sur le fût de la colonne qui le domine, des bas-reliefs, chefs-d'œuvre de sculpture, représentant la victoire de l'empereur sur les Daces puis.... rentrons au logis.

Je n'en puis plus. Je suis tellement harassé qu'au dîner du Belvédère, je suis presque insensible à l'honneur que nous fait de sa visite le cardinal Cassetta, et entièrement réfractaire aux théories.... démocratiques, qu'avec une éloquence digne d'une meilleure cause, nous débite Marc-Sangnier.

Excusez ma longueur. A Dieu, ma cousine.

QUINZIÈME LETTRE

Ma Cousine.

Ce matin, ma messe dite et mon petit déjeuner pris, en compagnie d'un jeune ecclésiastique charentais, je suis allé à la villa Borghèse, désireux de souvenirs et de beauté.

Les souvenirs et la beauté, point n'est besoin d'aller à la villa Borghèse pour les rencontrer. A Rome, ils jaillissent de chaque monument. En ce moment du fort Saint-Ange que nous cotoyons, ils m'assaillent à l'envi.

Ce tombeau d'Adrien est grandiose, éloquent surtout. Il dit le luxe de ce maître du monde qui voulut, avec une ardeur aussi vaine que vive, couvrir de la magnificence de son sépulcre le néant de sa grandeur; la courte vue de la sagesse humaine puisque, du tombeau de cet empereur si jaloux du prestige romain, les Goths se firent une forteresse d'où ils narguaient les vainqueurs du monde, le triomphe du Christ sur les princes de la terre par l'ange qui, érigé par Saint Grégoire en souvenir de la cessation miraculeuse de la peste, dégage, splendide dans le ciel, de cette pesante masse, son profil aérien.

Et ma pensée, païenne un moment, quitte le bel ange pour aller à l'empereur. Curieux homme que cet Adrien, curieux mélange de force et de faiblesse, de honte, d'ambition, de puerilité et de grandeur. D'ailleurs, esprit cultivé, épris de littérature et de beaux arts, esprit inquiet aussi de l au delà, et que le doute angoisse et torture.

Par amour de la beauté, il visite Athènes. Il en revient changé. Son âme s'est adoucie aux contours harmonieux, aux profils purs des statues antiques, aux formes régulières et simples des monuments, à l'air d'une transparence indicible qui vibre, joyeux, dans la claire lumière, aux lignes douces des collines qui ondulent toutes bleues à l'horizon. Il s'est grisé et se grise encore quelque temps de souvenirs d'art et de poésie. Toutefois il était dit que ce rêveur ne rêverait pas longtemps des mêmes objets. La Grèce avait attiré l'esthète ; il faut au superstitieux l'Egypte et ses arcanes. Il s'empresse vers cette terre de l'idolâtrie plus voisine des soupiraux de l'enfer. Il se plonge dans les initiations et les mystères, et, sur la parole d'un oracle, va jusqu'à immoler l'ignoble instrument de ses débauches, le bel Antinoüs. Pas plus que la beauté, la superstition ne satisfait l'empereur. Il revient fatigué, désenchanté surtout. Bientôt Rome elle-même l'ennuie. Il se retire à Tibur, Tibur dont j'aurais tant voulu goûter la fraîcheur et le charme, mais que le temps avare ne m'a pas permis de contempler. Tibur chanté amoureusement par Horace et Virgile et près duquel Zénobie, reine de Palmyre, vint terminer ses jours. La villa qu'il s'y fait construire, et dont il ne reste que des ruines magnifiques, renferme des merveilles d'art. Parmi ces chefs-d'œuvre, le vieil empereur passe son temps à rêver et à sacrifier aux dieux. De temps à autre, il s'éveille de sa mélancolie et se tire de ses opérations magiques afin de montrer, par les édits de mort qu'il lance, qu'il est bien toujours le maître du monde. Les chrétiens ne sont point écartés de l'impériale distribution : à Tibur, près du temple d'Hercule, Adrien fait immoler Symphorose et ses sept fils.

Ce curieux par excellence devient bientôt curieux de la mort qu'il octroie. La tentation du suicide l'obsède. Les idées d'art et de beauté de l'empereur avaient pris corps dans la villa de Tibur, ses idées funèbres se traduisent, s'extériorisent par la construction du tombeau superbe destiné à recouvrir ses cendres. Cependant la mort qu'il appelle vient à sa rencontre. Maintenant qu'il sent les serres de la camarde le saisir et étouffer son corps débile. Adrien se débat : plus que jamais il est désireux de la vie. et. pour finir à bien le duel terrible qu'il est obligé de soutenir. il s'enfuit à Pouzolles. espérant que sous un ciel si bleu et si rieur. dans une atmosphère si chaude et si embaumée, son antagoniste lâchera prise. Il n'en fut rien. Près des flots bleus du golfe de Naples. parmi les citronniers et les orangers fleuris. la mort se promène aussi. en quête des victimes marquées par le doigt de Dieu. Adrien sentit de nouveau son horrible voisinage. et. sur le point de succomber. il se mit. en termes enfantins, à donner congé à son âme en partance pour l'éternité : « Hôtesse et compagne de mon corps. petite ondoyante. petite indécise. petite douce. adieu. mon âme.

> *Anima ragula, blandula.*
> *Hospes comes que corporis. etc.*

Pour se venger de la science qui ne l'avait point arraché au trépas, Adrien fit inscrire sur sa tombe qu'il avait été tué par les médecins : *Turba medicorum regem interfecit*... . Sans cet atroce assassinat. Adrien. sans doute. vivrait encore. Quoi qu'il en soit. il est bien mort. et. en dépit de son épigramme. la tourbe des docteurs ne se porte pas trop mal.

Je vous l'ai dit déjà. ce matin, je suis aux souvenirs. à la beauté. et c'est pourquoi sur le pont Saint-Ange. presque insensible aux statues du Bernin. les yeux fixés sur le Tibre dont les eaux grondent sous mes pieds. je pense au pont Milvius. à la fin de Maxence et au couronnement de Constantin. Et comme. à votre exemple, je suis quelque peu imprégné de romantisme. près de ce fleuve fameux dont l'onde d'un jaune sale, honteuse. semble-t-il. s'enfuit vers la mer. je cherche à deviner l'endroit où miss Bathurst s'abima dans les flots. miss Bathurst, l'Anglaise à laquelle Chateaubriand.

dédaigneux d'ordinaire des filles d'Albion, a consacré quelques lignes émues, Miss Bathurst, la grâce innocente, la grâce de dix-sept ans. Elle galopait sur les bords, reine admirée de la troupe cosmopolite qui chevauchait près d'elle, sœur charmante et vivante de cette Alba Steno, la *comtessina* que Bourget, dans *Cosmopolis* nous a peinte délicate, si attirante, lorsqu'un faux pas de son cheval la précipita dans ces eaux qui, sans vergogne aucune, recouvrirent cette beauté de leur laideur, puis, impassibles aux pleurs et aux sanglots qui jaillissaient de la rive, continuèrent leur route monotone.

Miss Bathurst avait trois ou quatre homonymes, filles du ministre lord Bathurst, qui, nous dit le même Chateaubriand, toujours en voyage « couraient, ou plutôt volaient, comme des hirondelles de mer, le long des flots, blanches, allongées et légères. »

En compagnie de ces hirondelles qui de leurs ailes agitent doucement notre pensée afin de vivre, elles sitôt mortes, par le souvenir, quelques minutes encore, nous arrivons à la villa Borghèse. En voici le portail imité des beaux propylées de la Grèce, les arbres variés, les eaux, les statues, les vases magnifiques. Nous allons au milieu des splendeurs que la nature et l'art se sont plu à rassembler autour de ce palais. Nous cotoyons avec délices le lac charmant dont les eaux enserrent la petite ile que domine un temple d'Esculape.

Dans ce décor de rêve, j'évoque le souvenir de Pauline Borghèse, sœur de notre Napoléon, qui, vers 1803, brillait ici de l'éclat de sa beauté et de la gloire qui, de son frère victorieux, rejaillissait sur elle. Pour cette princesse adulée sonna aussi l'heure de la tristesse et des angoisses. L'aigle qui, de ses ailes et de ses serres puissantes avait meurtri l'Europe humiliée, mortellement blessé, râlait à Sainte-Hélène. C'était en 1817. Pauline voulut porter à l'empereur l'appui de son amour et la consolation de sa tendresse « Non. dit Napoléon. je ne veux pas qu'elle soit témoin de mon humiliation et des insultes auxquelles je suis exposé. » Et Pauline Borghèse dût dévorer ses larmes loin de son frère. victime de cet amour-propre qu'ont les empereurs et les rois de ne pas souffrir qu'on les voie pleurer.

Nous n'avons pu. à notre grand regret, visiter le palais et la collection de valeur qu'il renferme. et nous en sommes revenus par le Pincio. Sous les ombrages. parmi les statues nombreuses des grands hommes ou prétendus grands hommes. nous cherchons en vain le couple royal italien dont ce jardin public est la promenade préférée. Vu sans doute l'heure trop matinale. nous ne le rencontrons point. et avec ce désir frustré s'achève notre promenade. Au reste, nous ne sommes pas attristés de cette petite déconvenue. Avant peu. mieux que le roi et la reine d'Italie. nous verrons le plus grand des souverains après Dieu : le pape.

A bientôt. ma cousine, et à Dieu.

SEIZIÈME LETTRE

Ma Cousine.

Cette après-midi. nous sommes allés. en voiture. par la voie Appienne. à Saint-Paul-hors-les-murs. La chaleur est vive. et. sur la fameuse voie romaine. notre véhicule soulève des tourbillons de poussière Nos habits sont maculés, nos yeux brûlés. nos gosiers obstrués et desséchés. Qu'importe ! L'esprit est en éveil et le cœur est en liesse.

Quelle superbe avenue de la Ville éternelle devait-être cette voie Appia. bordée, aux temps antiques. jusqu'à Albano. de temples, de palais et de tombeaux. Aujourd'hui. les temples. les palais et les tombeaux ont disparu pour ne laisser que des ruines. mais de ces ruines les décors sont admirables : d'un côté, ce sont les montagnes de la Sabine. toutes noires de verdure ; de l'autre. la Méditerranée qui, par delà Ostie. présente aux rayons du soleil son immensité bleue.

D'ailleurs, même parmi ces ruines, quelques unes sont magnifiques, et l'on ne pourrait trop. sans doute. admirer le tombeau de Cœcilia Metella.

Cœcilia Metella ! quel beau nom. ma cousine. Il m'est à prononcer une harmonie par l'agencement de ses syllabes qui sonnent clair et doux à la fois. qui sonnent aussi comme un cliquetis d'épée. le cliquetis d'épée du consul Cœcilius Metellus le Crétique. père de Cœcilia : une poésie par le charme discret que paraît exhaler le souvenir de la noble dame qu'il désigne. Cœcilia Metella ! Quelle était donc. demanderez-vous, cette Romaine. pour se présenter si bien accueillie à mon souvenir attentif. Fille du consul. Cœcilius Metellus le Crétique, épouse du triumoir M. Licinius Crassus, d'une opulente fortune : voilà les données de l'histoire à son sujet. Epouse adorée et donc bonne très probablement. son tombeau simple. chaste et grandiose. plus fort que les siècles qu'il a vu mourir, me l'insinue.

..... Comme il est beau. le tombeau de Cœcilia! Posé sur un dé quadrilatère. il dresse vers l'azur son élégante tour. A sa partie supérieure court une jolie frise à festons. cependant que des créneaux, ajoutés au XIIIe siècle par les Cajetani qui s'y étaient fortifiés durant les guerres civiles. couronnent, en lui donnant un air un tantinet revêche. le gracieux monument. Désireux de voir et d'être vu pour constater et faire constater sa triomphante beauté. il contemplait jadis. du sommet de la colline où il est assis, les pro-

ches tombeaux fastueux aux chambres intérieures couvertes
de peintures joyeuses (les païens s'essayaient ainsi à tromper
les hideurs de la mort), les bosquets voisins qui fournissaient
leurs ombrages aux repas funéraires, les temples, les villas
et les grands aqueducs, monstres de pierre qui parcourent
la campagne romaine et, sur leurs arches puissantes, apportent à la Ville le tribut des sources fraiches et limpides.

Cœcilia Metella, j'aurais été désireux de voir la petite
chambre intérieure de votre sépulcre où, dans un magnifique sarcophage, disparut peu à peu, sous la morsure du
temps, ce qui avait constitué votre grâce et vos appâts
mortels, et j'ai cherché en vain, près de votre dernière
demeure, une fleurette qui vous rappelât à mon souvenir.
Que n'étiez-vous là, brin de réséda cueilli par Chateaubriand,
violettes respirées par Veuillot, puis envoyées à ses filles
Agnès et Luce, en mémoire de la grande dame romaine.
Hélas! l'été était venu et avait brûlé les fleurettes. Mortes,
elles ne renaitront qu'avec le printemps. Le printemps seul
pourra éveiller leur âme endormie et leur redonner la
beauté perdue. Cœcilia Metella, pour votre âme, fleur créée
par Dieu, mais ternie par l'erreur païenne, j'aurais désiré
les printemps qui fleurissent au ciel, toujours.

Sur notre route, nous avons aperçu l'église « *Domine,
quo vadis* », humble chapelle plutôt qu'église, élevée en
l'honneur de l'apparition de Notre Seigneur au chef des
Apôtres. Pierre persécuté à Rome, fuyait, selon le précepte
évangélique, vers une cité plus hospitalière, lorsqu'à cet
endroit précis (et le fait est rapporté par des auteurs consi-
dérables: Origène et Saint Ambroise entre autres) le Sauveur lui apparut. Il était triste et portait sa croix comme
sur la montée du Calvaire. Mais Pierre ne fait pas attention
à la tristesse et à la croix de son Maitre. Il est tout entier à

l'ivresse de le revoir: « Seigneur, où allez-vous? » s'écrie-t-il, troublé et ravi. — « Je vais à Rome pour être crucifié de nouveau », répondit Jésus. Pierre comprit cette réponse qui était à la fois un doux reproche et une invitation au supplice et à la mort. Il revint à Rome Quelque temps après, il y mourait sur une croix.

Saluons ici, ma cousine, notre bien-aimée patrie, la France, cette mère féconde qui, sur son sein, à Narbonne, a bercé tout enfant le martyr Sébastien dont la basilique se présente à nos regards pieusement émus. J'ai toujours eu un faible pour ce saint depuis l'époque lointaine où, enfant, j'ai lu son histoire dans Fabiola. Que Sébastien ait accompli tous les faits et gestes que lui attribue Wiseman, voilà ce qu'on ne pourrait affimer, puisqu'aussi bien le livre du cardinal est œuvre d'imagination en même temps que d'histoire. Mais qu'importe des faits de détails plus ou moins authentiques destinés simplement à mettre en relief les qualités maitresses du héros. Sébastien fut un soldat au courage tranquille et indomptable. Il me donne l'impression de ces flots majestueux et sereins des grands fleuves paisibles, qui vont vers leur but sans s'inquiéter des obstacles et sans être dérangés par eux. Au palais des Césars où il était de service, il sut garder sa foi sans ostentation vaine comme sans faiblesse, et du jour où cette même foi fut découverte, il sut mourir pour elle, calme, fort et doux sous les flèches des archers de Maximien qui, avec une cruauté raffinée, de sa chair et de sa vie, petit à petit, lui enlevaient des lambeaux. Ma cousine, demandons ensemble à Sébastien, soldat français, d'inspirer sa foi à nos soldats, de leur souffler sa vaillance.

Tout à l'heure j'évoquais le souvenir de Pierre: sur la route d'Ostie où nous sommes engagés, celui de Paul surgit à son tour. Pendant que le prince des Apôtres. à l'endroit où maintenant. dans la basilique vaticane, est érigée sa statue de bronze, étendu sur le bois de son sacrifice. comme son Maître, priait pour ses bourreaux et le monde. Paul, sur la rive gauche du Tibre. consommait son martyre.

Il va sur la route d'Ostie. escorté de soldats. Des fidèles le suivent. Il n'est plus ce Saul du chemin de Damas qui récalcitre sous l'aiguillon de la grâce qui le presse ; il est le vaincu, l'enchaîné du Christ-Jésus (*ego Paulus vinctus Christi*) l'amant passionné du même Jésus(*quis nos separabit a charitate Christi*), celui qui désespère la mort jalouse des terreurs avant-coureuses de sa venue par d'amoureux appels au Maître vainqueur du trépas (*cupio dissolvi et esse cum Christo*) qui doit le délivrer du corps de bouc. pesante enveloppe de son âme immortelle(*quis nos liberabit a corpore mortis hujus*). Il va Paul, les yeux en haut, rêvant à ce bonheur qu'il lui a été donné d'entrevoir, mais qu'il n'a pu saisir que de manière imparfaite, tant son amplitude dépasse la portée humaine (*nec oculus vidit, nec auris audivit. etc*).

Et son regard parfois aussi s'abaisse sur le petit groupe dont l'amitié le suit. fidèle et précieuse. jusque dans les bras de la mort. De toute sa grande âme. il compatit à leurs souffrances (*quis infirmatur et ego non infirmor ?*). Ses yeux cherchent les yeux : ils veulent y voir, plus que la douleur de son trépas. la promesse certaine d'une foi et d'un amour indéfectibles. Cette promesse, Paul la lut très sûre, mêlée à des larmes abondantes. sur le visage de Plautilla. jeune dame romaine dont la foi profonde avait naguère charmé l'Apôtre. Son cœur magnanime en fut attendri. et il chercha à récompenser. d'une façon digne d'elle, cette autre Véronique dont la compassion pieuse lui agréait tant.

Plautilla n'était point sans doute. pour le luxe, la devancière de ces Romaines à qui Tertullien devait, plus tard, adresser des reproches si originaux et si vifs. « Sa tête délicate ne portait pas sur elle des forêts entières et jusqu'à des iles, et le revenu d'une année ne pendait point à son oreille..... Elle dissimulait. sous la simplicité de son extérieur, des charmes qui peuvent être funestes.....» Un voile cachait sa beauté. C'est ce voile que Paul réclame pour un instant afin de ne pas mettre à trop longue épreuve la modestie délicate de la jeune Romaine : « Va, Plautilla. fille du salut éternel. Prête-moi seulement le voile qui couvre ta tête. et retire-toi un peu à l'écart. à cause de la foule. Tu m'attendras là jusqu'à ce que je revienne vers toi. et que je t'ai restitué ce voile que je demande à ta charité. Il servira à me bander les yeux ; après quoi je te le rendrai comme une récompense de ta pieuse tendresse, et comme un gage de mon amour pour le Christ, au moment où je monterai vers lui. » Plautilla tendit son voile. Les soldats raillaient, scandalisés : ce voile était précieux. Mais comme, le martyre de Paul accompli. ils passaient à la porte Tergemina, auprès de la jeune Romaine, celle-ci pour toute réponse à leurs sarcasmes renaissants et à leurs questions insolentes, tira de son sein le voile qu'ils avaient vu quelques minutes auparavant. Il était teint du sang de l'Apôtre.

Nous avons parcouru la voie douloureuse suivie par Paul. Nous arrivons aux eaux Salviennes où il eut la tête tranchée. La plaine est devenue moins douce aux yeux. Des monticules la parsèment et y creusent de chauds vallons. La malaria plane sur cette campagne malsaine. guettant ses victimes. Que Dieu nous préserve de la terrible malaria ! Nous longeons pour l'instant un champ de tabac. De temps à autre nous nous exhaussons sur les banquettes de la voiture. et arrachons des branches feuillues aux grands eucalyptus qui pendent sur nos têtes.

Nous sommes arrivés. C'est là que s'élève l'église des Trois-Fontaines et que Paul fut décapité. Parvenu au lieu de son supplice. l'Apôtre se mit à genoux, pria, puis du voile de Plautilla se banda les yeux. Saint Clément, pape. nous donne à entendre. dans une épitre. que Néron était là, Néron furieux à qui Paul avait, dit-on. ravi Acté pour la donner au Christ. Séparé du tronc par le glaive du soldat. le chef de l'Apôtre fit trois bonds. A chacun de ces bonds jaillit une fontaine.

Nous avons bu pieusement de l'eau de ces fontaines et prié aux autels qui marquent leur place. L'eau des Trois-Fontaines est limpide et fraîche. Elle a. mélangée dans l'estomac à une petite dose de liqueur d'eucalyptus vendue par les bons Frères gardiens de ce lieu. une vertu laxative dont notre cher chanoine fut la pitoyable victime. Que voulez-vous. très cher et bon chanoine. il ne faut pas tenter les saints. Le grand Paul ne s'est point engagé à préserver de toute indisposition les buveurs trop avides de l'eau qu'il fit sourdre. Cher et bon chanoine. pardonnez-moi cette innocente algarade. et. malgré vos convulsions. donnez-moi et administrez-vous un peu de liqueur d'eucalyptus. Il me semble que la malaria nous a frolés de son aile.... Vivat !.... A supposer qu'elle soit venue, la mauvaise est en fuite. Le grand saint Paul a eu pitié de nous. et. de la précieuse liqueur fabriquée sur son sol par des mains qui lui sont chères, est sortie une vertu curative. Et pour cette guérison il n'a fallu que quelques minutes. le temps de nous rendre des Trois-Fontaines à la splendide basilique. Très cher et bon chanoine. sur le pavé étincelant de l'incomparable église. remercions le Saint de nous avoir préservés de tout mal.

Saint-Paul-hors-les-murs. bâti à l'endroit du domaine de Lucine où Paul fut inhumé. est. dans son état actuel. de date plutôt récente. La basilique antérieure, détruite par un incendie en 1823. était, lisons-nous, riche de mosaïques, d'inscriptions. de colonnes en marbres de Paros, et de brèche violette. Son immense et antique charpente était faite avec des cèdres du Liban. Hélas! le feu a brûlé la charpente, fondu ou tordu la plupart des colonnes Quelques heures ont suffi au fléau pour sa besogne destructive. D'ailleurs, tout aussi magnifique s'est élevé le nouveau monument. Nous admirons les marbres de son pavé. les colonnes de granit du Simplon à fond blanc semé de points verts, polies à l'égal des plus beaux marbres. qui divisent ses cinq nefs, son soffite dont les caissons dorés se détachent sur blanc avec un grand éclat. ses portraits de papes. de tous les papes depuis saint Pierre, qui, au-dessus des colonnes, courent autour de la nef principale. En vérité, Saint-Paul-hors-les-murs est d'une étincelante beauté, comme l'âme et les écrits de l'Apôtre. A la Confession, près des restes mortels de saint Timothée. son disciple, nous demandons humblement à saint Paul un peu de l'amour ardent qu'il eut pour le Maître. Nous visitons encore le cloître de la basilique dont les arcades aux gracieuses colonnettes torses livrent au regard charmé des échappées sur d'épais et verts feuillages. puis, reprenons le chemin de la Ville.

Pendant que les chevaux soulèvent à nouveau de leur sabot agile des nuages de poussière. sur la route d'Ostie, nous nous souvenons et regardons. Nous nous souvenons que par là sainte Françoise-Romaine possédait une vigne. et il nous agrée de penser que la noble dame ne dédai-

gnait pas sans doute, au temps où mai blanchit les vergers,
d'aspirer le pénétrant parfum des pampres fleuris. Plus
que la vigne de sainte Françoise-Romaine, son âme a
répandu des parfums, et ces parfums de vertus, au ciel,
s'exhalent infiniment doux et purs, dans un renouveau éternel.

Nous regardons. Derrière nous, par delà Saint-Paul,
c'est la campagne solitaire et désolée. C'est le Tibre qui à
travers des ruines et des collines arides, roule ses flots
jaunes de boue et de sable : c'est le sol recouvert d'eaux
stagnantes et pourries; c'est la malaria cruelle qui fait fuir
devant elle hommes et animaux : mais ce sont aussi, de temps
à autre, pour faire trêve à cette désolation, des eucalyptus,
des pins parasols, quelques blanches villas où mènent des
sentiers bordés de roses, et des petits lacs où doucement
frissonnent et murmurent des roseaux aux aigrettes fleuries.

A notre retour de Saint-Paul, nous avons, ma cousine,
visité les catacombes et Sainte-Sabine. De ces visites je vous
parlerai la fois prochaine. A Dieu.

DIX-SEPTIÈME LETTRE

Ma Cousine,

Nous avons quitté la voie Appia, et pris, à gauche, un
chemin qui, au bout de quelques minutes, nous a conduits aux
Catacombes de Saint-Calixte. Après les Trappistes, gardiens
de ce lieu, nous saluons le buste de monsieur de Rossi, l'illustre révélateur de Rome souterraine, et, à la suite d'un guide dont, sans vouloir dire de mal, je puis bien dire qu'il

n'était pas monsieur de Rossi. nous engageons dans les profondeurs du sol.

Les catacombes, qu'est-ce à dire. ma cousine. *Quoad rem*, comme diraient nos bons scholastiques. quant à la chose. si vous préférez. ce n'est autre que des carrières creusées avant et après l'apparition du Christianisme. et d'où l'on extrayait la pouzzolane. espèce de terre réfractaire qui entrait dans la composition du ciment romain. Cicéron et Vitruve qui vivaient au siècle qui a précédé la venue de notre bien-aimé Seigneur Jésus, parlent de quelques unes de ces *Arenariæ*, comme ils les appellent, placées hors de la porte Esquiline. C'est du documenté que je vous fournis. ma cousine, un tout petit grain d'encens brûlé à la noble fureur de notre siècle de ne rien avancer qui ne soit appuyé de solides témoignages. Cicéron, Vitruve ! peste ! Malgré tout. ces gens-là me fatiguent et m'ennuient. Il parait d'ailleurs que leur témoignage n'est. en la circonstance. d'aucune utilité. Les catacombes ne sont pas d'anciennes carrières de sable. Un savant éclairé et consciencieux, F. Marchi. me l'affirme. Ciel ! que tout cela est intéressant. Cicéron et Vitruve. au revoir, mes bons amis. Je regrette de vous avoir dérangés. Du reste. votre ombre commence de m'importuner. suivie qu'elle est de tout un fatras d'érudition. et pour échapper à votre souvenir de pédants je reviens à ma définition.

Les catacombes. c'est un réseau presque infini de galeries souterraines. étroites. qui se croisent. s'entre-croisent. et, distinctes bien qu'enchevêtrées. se prolongent à de grandes distances sous la Ville et hors des murs.

Les catacombes. c'est le cimetière des premiers martyrs de l'Eglise. une nécropole ou plutôt des nécropoles immenses. De chaque côté et le long des galeries. voire

même des escaliers, rangés comme les cellules d'une ruche
d'abeilles, les tombeaux se pressent formant plusieurs
rangs superposés (de trois à douze suivant la hauteur de la
voûte). On tuait les chrétiens. Leur sang enfantait de nouveaux martyrs, il germait en d'opulentes moissons d'âmes
ravies à l'enfer et données au Christ. Les catacombes, plus
éloquemment que les Pères de l'Eglise, avec l'éloquence des
faits, elles nous disent le développement, trop merveilleux
pour ne pas être divin, du christianisme sur la terre des
idôlâtries.

Les catacombes, c'est Diogène avec ses fossoyeurs,
sorte de confrérie pieuse dont la vie se passait à creuser
des tombes d'après un type uniforme dans ces antres souterrains. Ils couchaient dans l'étroite cellule par eux prati-
quée, le cadavre du martyr recouvert d'un linceul, mettaient
à côté un petit vase rempli de son sang, puis, à l'aide d'une
plaque de marbre ou d'une large tuile et de ciment, fer-
maient hermétiquement l'ouverture. Sur le marbre ou la
tuile, en général, une inscription très souvent composée
par le fossoyeur lui-même, où se révèle la charité des premiers chrétiens, leur invincible foi à une vie immortelle,
et leur espérance sereine dans un lieu de rafraîchissement,
de joie et de paix : « A ma très douce mère. » « A mon
fils très doux. » « A ma très douce fille. » « Victoire, sois
rafraîchie, et puisse ton esprit être dans la joie. »

Pour se diriger dans ce vaste domaine des galeries
qui spécialement était le leur, les *fossores* plaçaient à chaque
carrefour, dans une petite niche, une lampe dont la flamme
vacillante sous le courant d'air qui la fouette, répand sur les
tombes une mystérieuse lueur. Avec cette redondance dont
il a le secret, monsieur de Chateaubriand a parlé des lampes
des catacacombes. Ecoutez, ma cousine, cette phrase modèle

de simplicité ! « La lumière lugubre des lampes, rampant sur les parois des voûtes. et se mouvant avec lenteur le long des sépulcres. répandait une mobilité effrayante sur ces objets éternellement immobiles. En vain. prêtant une oreille attentive, je cherche à saisir quelques sons pour me diriger à travers un abime de silence. » C'est le Chateaubriand des « Martyrs » ; je préfère le Chateaubriand des « Mémoires d'outre-tombe ». Pourquoi cet « éternellement ». cet « abime de silence ». ces juxtapositions de mots à effet Une fois de plus pour écrire. M. de Chateaubriand a pris la mitre et la crosse; M. de Chateaubriand pontifie et se regarde pontifier. Toutefois. malgré son emphase. le pontife est superbe et n'aurait-il pas le don de toujours me satisfaire, qu'en vérité je perdrais au moins mon temps à égratigner la couronne immortelle dont, avec justice. la postérité a ceint son front de génie.

Les *fossores* ne se contentaient point de préparer les tombes et de procéder aux sépultures des martyrs: avec un soin toujours en éveil. ils surveillaient les entrées des catacombes. Parfois de fins limiers soudoyés par le préfet de Rome ou César lui-même, s'aventuraient dans les galeries pour des chasses aux chrétiens. Alors les braves *fossores* amoncelaient le sable. détachaient à coups de pioche des rocs de la voûte. et, presque instantanément. dressaient une épaisse et infranchissable barrière devant l'ennemi déconcerté. Oh! les braves artisans de tâches obscures et sublimes. et dont la sainte cohorte doit là-haut. loin des ténèbres où ils passèrent leur vie. resplendir dans la lumière infiniment douce et brillante de la bienheureuse éternité.

Les catacombes, en même temps que les galeries. ce sont les petites chambres qui ordinairement contiennent le tombeau d'un martyr auprès duquel l'on se réunissait à

certains jours anniversaires pour la célébration du saint
sacrifice. un baptistère et une chaire pontificale. Sur les
parois. des peintures qui représentent le Sauveur. les Apôtres. des scènes de l'Ancien et du Nouveau Testament. des
sujets symboliques. La plupart de ces peintures sont bien
conservées et possèdent encore. malgré les siècles, une
surprenante fraicheur de coloris.

A Saint-Calixte. nous en avons admiré un certain
nombre. C'est Jonas qui. d'une carène fantastique dont
les rames ressemblent à de vastes parapluies fermés, paraît
se précipiter de lui-même. avec bonheur. s'il vous plait,
dans la gueule d'un monstre mi-cheval. mi-serpent. Le
monstre rejette Jonas point du tout étonné, mais qui. cependant. fatigué de ce voyage intestinal, s'étend complaisam-
ment sur le rivage. abrité d'une sorte de dais recouvert d'une
verdure rare. les jambes croisées. appuyé sur un bras,
cependant que de la main restée libre. il se frappe le front
et cherche sans doute. dans sa mémoire bouleversée. les
incidents point banals d'une traversée sans pareille. Voici
les mages coiffés d'une espèce de bonnet phrygien. Debout
et plutôt raides. ils présentent leurs dons à l'Enfant-Jésus. Dans
la fosse aux lions. aux côtés de Daniel insouciant et joyeux,
deux fauves immobiles semblent méditer sur la force divine
qui paralyse leurs muscles et leurs griffes; puis c'est Moïse
qui en se jouant, fait. avec sa baguette. jaillir du rocher.
une abondante source d'eau vive. le poisson symbole de
Jésus-Christ fils de Dieu. Sauveur; les vases nimbés d'une
auréole, symbole de l'Eucharistie. et enfin un sujet qui
revient fréquemment dans les catacombes et qui plait tant
à notre faiblesse puisqu'il est celui de l'infinie miséricorde:
le bon Pasteur qui rapporte sur ses épaules la brebis éga-

rée. à la poursuite de laquelle, oublieux des brebis fidèles. il s'est acharné avec un prodigieux amour.

Les catacombes. c'est le lieu des agapes fraternelles commencées dans la joie sainte et finies, parfois, dans les saintes larmes, comme ce jour où, à Saint-Calixte, sur la chaire pontificale d'où il distribuait la parole divine. le pape saint Étienne fut tué par les païens; ce sont les chœurs de jeunes gens et de jeunes filles qui chantent leur ardeur pour le bon combat et les charmes de l'âme pure; ce sont les âmes qui, parmi les ténèbres et au contact des sépulcres, s'enthousiasment pour le martyre; les catacombes. c'est la paix: la paix dans la contemplation et la prière. la paix finale et bienheureuse dans la mort: *in pace, en ciréné,* disent les tombes.

Deux souvenirs, au milieu de tous les autres, semblent errer, parfums plus précieux, dans ces corridors sombres. Ils nous rappellent, avec insistance. les deux jeunes martyrs Tarcisius et Cécile. « Des mains sacrilèges voulurent forcer saint Tarcisius, qui portait les sacrements du Christ. à les dévoiler aux profanes; mais il aima mieux se laisser mettre en pièces que de livrer à des chiens furieux les membres divins. » Ainsi parle l'épitaphe du martyr composée par le pape saint Damase. Et nous le voyons. n'est-ce pas. ma cousine. ce tout jeune Romain. déjà assidu à la célébration des mystères chrétiens. solliciter l'honneur de porter l'Eucharistie. Il s'agissait d'un malade. peut-être d'un confesseur de la foi à réconforter avant le suprême passage. Et cet enfant est si beau. sa prière est si forte. que les prêtres, malgré son âge. lui confient le dépôt sacré. Les mains sont faibles et tendres; par contre l'âme est forte.

Il va. le noble enfant. à travers les rues de Rome. les bras croisés sur la poitrine. les yeux et le cœur en haut. Les

chiens furieux sont venus. Lui, cependant, tient son aimé
sur son cœur. Amoureusement, fortement il le presse. Les
chiens furieux s'acharnent. Ils veulent voir le mystère que
porte cet « âne chrétien. » Ils ont tué Tarcisius: ils n'ont pu
violer l'Eucharistie. L'amour de l'enfant a été plus fort que
leur haine. Expirant, les bras toujours croisés sur son précieux dépôt, le petit martyr continue son dialogue affectueux.
son dialogue d'amour qu'il a commencé dans la joie, qu'il a
continué dans la douleur, et qu'il va parachever maintenant
dans le triomphe. Heureux, heureux enfant qui ne devait
avoir d'autre juge que l'ami qu'il avait défendu au péril de
sa vie, et qu'au dernier soupir encore, il pressait avec tant
de piété sur son cœur innocent.

À Tarcisius, pour faire un couple harmonieux, joignons
celle que d'ailleurs nous savons avoir reposé près de lui au
cimetière de Calixte, joignons Cécile. Je tiens à vous la faire connaître, ma cousine, car, la connaissant, vous ne pour-
rez vous empêcher de l'aimer et de la prier. Elle est si belle.
notre petite Cécile. Elle était de maison patricienne, fille
des Metelli; toutefois, plus que le nom, ses parents lui avaient
transmis un don inestimable : la foi. Enfant, elle avive cette
foi par des visites fréquentes aux tombeaux des martyrs, et
s'anime, pour les combats futurs, aux exemples de celles de
son sexe qui, nombreuses, grâce à leur sang généreusement
versé, ont travaillé à répandre le règne du Christ. Et comme elle est gracieuse, elle doit sans doute, mystérieusement
attirée, aimer surtout parmi ses devancières cette gracieuse
Flavia Domitilla qui, sous Domitien, donna sa vie pour le
Christ.

Cécile aime Jésus; toutefois, chez elle, la chrétienne
n'a pas annihilé la Romaine. À l'exemple de celles de sa race
et de sa caste, la petite sainte est énergique, pleine de déci-

sion et de fierté ; et si l'amour du Crucifié lui a inspiré le
mépris de la vie et des vanités qui passent. il ne l'empêche
point de maintenir son extérieur en conformité avec son
rang et la haute société qu'elle fréquente : sur le cilice qui
meurtrit sa chair, elle porte une robe luxueuse brodée d'or.

Petite Cécile, où allez-vous, où allez-vous ainsi, pleine
de grâces. inconscient objet de séduction vous-même au
milieu des séductions qui vous environnent et se font plus
pressantes à mesure que vous avancez en âge. Ne craignez-
vous point que de votre cœur. vase précieux où vous l'avez
enfermé. ne s'échappe. tel un parfum trop subtil pour cette
terre. l'amour du Bien-Aimé. Appréhensions et terreurs
vaines. Bonnes pour d'autres. elles ne sont pas faites pour
Cécile. La vierge romaine a juré dans son cœur que jamais
elle n'appartiendrait à un homme, et. sous la sauvegarde
spéciale d'un ange que Dieu lui a député à cet effet. envers
et contre tous elle maintiendra.

Cependant Cécile devenue nubile est fiancée à Valérien.
Le jour des noces arrive. Selon l'usage des patriciennes. la
jeune fille est revêtue d'une tunique de laine blanche. Un
voile couleur de flamme (*flammæum*) dérobe ses traits
aux regards indiscrets. A la chute du jour. précédée des
torches nuptiales, elle est conduite à la demeure de son
mari. Le festin commence. Les instruments de musique
remplissent la salle de leur hamonie. Cécile, l'esprit hors
de ce monde où elle est retenue. chante. harmonieux instrument. son cantique au divin Époux. Elle lui dit son
amour et lui fait une prière: « Que mon cœur et mes sens
demeurent purs. ô mon Dieu; que ma pudeur ne souffre
pas d'atteinte! »

Le festin est terminé. Cécile tremblante est conduite par
les matrones jusqu'aux portes de la chambre nuptiale

magnifiquement décorée. Valérien la suit. — « Jeune et tendre ami. lui dit la vierge. j'ai un secret à te confier », et sur ce mode naïf et touchant elle continue et supplie Valérien de ne point irriter l'ange chargé de veiller sur sa virginité. Valérien promet, à la condition toutefois que l'ange de Cécile se manifestera à lui. Mais il faut être pur afin de voir les anges, et Cécile obtient pour Valérien la foi et le baptême purificateur.

Voici. Seigneur. que votre servante Cécile. à l'instar d'une abeille industrieuse. s'empresse à votre service en vous conquérant des âmes. Après celle de Valérien, c'est celle de son beau-frère Tiburce qu'elle jette à vos pieds. ivre de foi et d'amour. Les deux frères, dénoncés à l'autorité romaine, refusent de sacrifier à Jupiter; ils sont décapités et reçoivent l'immortelle couronne des saints. Seigneur, c'est ainsi qu'a travaillé votre petite abeille. Et comme. après la mort de ces deux êtres chers, elle s'ingénie de nouveau à procurer votre règne! Elle parle de vous, elle répand autour d'elle votre bonne odeur; en même temps que les âmes. elle secourt les corps livrés à la misère : les pauvres sont ses meilleurs amis.

Tant de zèle déployé au grand jour. sans jactance comme sans peur. ne peut longtemps passer inaperçu. Dénoncée à l'autorité romaine. Cécile paraît devant Almachius. Elle est superbement parée. mais de la patricienne, plus encore que sa robe. son langage a l'éblouissante fierté. Ecoutez plutôt. ma cousine. cet interrogatoire où la vierge romaine traite son juge de si haut.

Almachius. — Jeune fille, quel est ton nom ?

Cécile. — Cœcilia.

Almachius. — Quelle est ta condition ?

Cécile. — Libre, noble, clarissime.

Almachius. — C'est sur ta religion que je t'interroge.

Cécile. — Ton interrogation n'était donc pas précise, si elle donnait lieu à deux réponses.

Almachius. — D'où te vient cette assurance ?

Cécile. — *(Se servant d'un texte de Saint Paul)* : « D'une conscience pure et d'une foi sans déguisement. » (I Tim. I)

Et le duel continue jusqu'à ce que l'adversaire, criblé de pointes et décontenancé, s'écrie : « Assez d'audace : sacrifie aux dieux. » Cette injonction lui attire de nouveaux traits. plus acérés que les autres. En vérité. c'est plaisir de voir comment. d'une main toujours adroite et sûre. la jeune Romaine manie l'ironie.

Cécile — Je ne sais vraiment ce qui est arrivé à tes yeux. où et comment tu en as perdu l'usage. Les dieux dont tu parles. moi et tous ceux qui ici ont la vue saine, nous ne voyons en eux que de la pierre. de l'airain ou du plomb.

Almachius. — En philosophe. j'ai dédaigné tes injures. quand elles n'avaient que moi pour but ; mais l'injure contre les dieux. je ne puis la supporter.

Cécile. — Depuis que tu as ouvert la bouche. tu n'as pas dit une parole dont je n'aie fait voir l'injustice. la déraison. la nullité ; maintenant. afin que rien n'y manque. te voila convaincu d'avoir perdu la vue. Tu appelles des dieux ces objets que nous voyons tous n'être que des pierres et des pierres inutiles. Palpe-les plutôt toi-même. tu sentiras ce qu'il en est. Pourquoi t'exposer ainsi à la risée du peuple ? Tout le monde sait que Dieu est au ciel. Quant à ces statues de pierre. elles feraient meilleur service si on les jetait dans une fournaise pour les convertir en chaux ; elles s'usent dans leur oisiveté. et sont impuissantes à se défendre des flammes, aussi bien qu'à t'arracher toi-même à ta perte.

Le Christ seul sauve de la mort. seul il délivre du feu l'homme coupable.

Par cette profession de foi au Christ Sauveur. Cécile clôt son discours au représentant de la puissance romaine. Paisible, elle attend sa sentence. Celle-ci ne tarde point. La vierge est condamnée à mort. Toutefois. à cause de son rang. elle ne doit pas périr par le glaive. On l'enfermera dans sa salle de bain : elle mourra suffoquée par la vapeur ardente. Ainsi avait péri Octavie sur l'ordre de Néron son mari ; ainsi. plus tard. sur l'ordre de Constantin. devait périr Fausta. Cécile est conduite au caldarium. Dans l'hypo-causte. on allume un feu violent. La température s'échauffe. se surchauffe. s'embrase. Et cela ne suffit point encore. Des mains frénétiques attisent le brasier. Les bouches de chaleur vomissent du feu. Ce feu d'enfer. continuellement activé par de véritables démons. dure ainsi une partie du jour et la nuit tout entière. Toutefois. la vierge chrétienne n'en ressent point les ardeurs. Son effet est pour elle celui d'une bienfaisante rosée. et cependant que les bourreaux l'épongent leur sueur et hurlent de rage, Cécile au milieu du caldarium. sourit. comme dans un jardin d'une fraicheur délicieuse.

Afin de suppléer à la flamme impuissante, on fait appel au glaive. Un licteur s'approche de la jeune Romaine. A la vue de tant de calme. un trouble le saisit. sa main tremble. Il est obligé de frapper à trois fois différentes : la loi restreint à ce nombre les coups qu'il peut porter à sa victime : il laisse Cécile, le col à moitié tranché, gisant dans son sang mais respirant encore.

Elle devait vivre ainsi trois jours. trois longs jours de torture quelle employa à réconforter la foule qui se pressait autour d'elle. Aux chrétiens, aux pauvres qui l'entouraient en pleurant, elle disait, de sa voix éteinte, des paroles de courage, de foi et d'amour. Le troisième jour, la foule s'étant écoulée, Urbain, vicaire du pape Éleuthère, qui se mettait à couvert dans la maison de Cécile, put enfin l'approcher. La vierge attendait ce moment pour mourir. « Père, dit-elle à Urbain, j'ai demandé au Seigneur ce délai de trois jours, afin de remettre entre vos mains, et ces pauvres que je nourrissais, et cette maison pour être consacrée en église à jamais. » Puis elle tourna vers le sol sa pauvre tête et expira. Elle était couchée sur le côté droit. Légèrement repliée sur elle-même, les genoux réunis, les plis de sa robe disposés avec modestie, elle était gracieuse et chaste à ravir. Au moment de la mort, ses deux bras défaillants s'étaient placés l'un sur l'autre cependant que de ses mains où circulait encore un reste de vie, elle avait tenu à faire un suprême acte de foi. Les trois premiers doigts de la droite étendus, ceux de la main gauche fermés, l'index excepté, signifiaient au spectateur attendri, sa croyance invincible à la Trinité sainte, et à l'unique substance qui des trois personnes ne fait qu'un seul et même Dieu.

Urbain voulut lui-même présider aux funérailles de la petite martyre, dont la dépouille mortelle fut confiée au cercueil, et ensevelie dans le nouveau cimetière de la voie Appienne. Mais les ans qui réduisent notre corps en poussière après en avoir fait « ce je ne sais quoi qui n'a de nom en aucune langue », n'eurent point de prise sur le corps virginal de Cécile, et huit siècles plus tard, la sainte exhumée apparaît dans la pose si belle qu'elle avait eue pour rendre son âme à Dieu. Sur sa robe dont l'or scintillait à travers une gaze transparente, se voyaient des gouttes de sang, et sa tête, toujours tournée vers le sol, semblait dérober encore aux regards étrangers le dernier baiser et le dernier soupir d'amour qu'elle avait adressés à l'Époux divin.

Heureuse petite martyre Cécile dont le nom virginal et frais, comme au matin la goutte de rosée, nous est déjà une mélodie au cœur, mais dont surtout l'exemple et le secours sont un réconfort suave dans les batailles de la vie contre les Almachius modernes qui voudraient nous faire apostasier. Cécile, vous si fière contre l'ineptie triomphante, si forte contre le mal, si douce à la misère, priez pour nous.

Plus tard, à l'église consacrée à sainte Cécile, nous avons, ma cousine, admiré la statue de Maderno représentant la vierge expirante. C'est un chef-d'œuvre où l'on ne sait qu'admirer le plus, de la vérité des moindres détails ou de la grâce chaste qui les anime. Le jeune artiste de vingt-quatre ans a travaillé de toute son âme pour une sainte qu'il aimait. Heureuse Cécile d'avoir eu pour la célébrer un grand artiste, surtout heureux Maderno dont la mémoire est indissolublement unie à la mémoire touchante de notre chère sainte

Et maintenant, si vous me demandiez, à la fin de cette petite esquisse où je n'ai point parlé, et pour cause, du talent musical de Cécile, pourquoi la jeune martyre est la patronne des musiciens, je vous répondrais que la raison en est probablement dans l'harmonieuse beauté de sa vie. Rien de heurté dans cette existence de jeune fille. De l'harmonie, elle en met jusque dans son attitude au moment d'exhaler le dernier soupir. C'est un paysage ombrien dont les contours se fondent doucement dans le bleu du ciel et la lumière lointaine, ou mieux encore une trilogie musicale: l'enfance de la vierge, ses fiançailles et son mariage, le martyre de Valérien et de Tiburce et le sien propre, le tout harmonieux par la parfaite rectitude et la soumission parfaite à la règle divine. et dont le motif principal n'est autre que ces paroles que Cécile chantait en son cœur. au soir de ses noces. pendant que résonnaient les instruments: « Que mon cœur et mes sens demeurent purs, ô mon Dieu: que ma pudeur ne souffre pas d'atteinte! » (Ps. CXVIIi).

Nous avons quitté les catacombes. Afin de conserver toute fraiche l'impression de ces lieux où ont dormi tant d'amis du Christ. disons ensemble, ma cousine, traduite par dom Guéranger auquel j'ai emprunté également la traduction de l'interrogatoire de Sainte Cécile et les détails de sa vie. cette poésie que Saint Clément d'Alexandrie a placée à la fin de son Pédagogue. C'est un chant des catacombes. Quelques mots vous paraitront barbares. mais ce que vous en comprendrez vous ravira. La voici :

« Frein des jeunes coursiers indomptés. aile des oiseaux qui point ne s'égarent. gouvernail assuré de l'enfance. pasteur des agneaux du roi! Tes simples enfants. rassemble-les. pour louer saintement, chanter avec candeur, d'une bouche innocente, le chef des enfants. le Christ.

» O Roi des saints. Verbe. triomphateur suprème. dispensateur de la sapience du Père. du Très-Haut; toi. l'appui dans les peines. heureux de toute éternité. Sauveur de la race mortelle. Jésus!

» Pasteur, agriculteur. frein. gouvernail. aile céleste du très saint troupeau, pécheur des hommes rachetés, amorçant à l'éternelle vie l'innocent poisson arraché à l'onde ennemie de la mer du vice.

» Sois leur guide. ô pasteur des brebis spirituelles ! ô saint! sois leur guide. Roi des enfants sans tache! Les vestiges du Christ sont la voie du ciel.

» Parole incessante, éternité sans bornes. lumière sans

fin. source de miséricorde. auteur de toute vertu. vie irré-
prochable de ceux qui louent Dieu !

» O Christ. ô Jésus! nous qui, de nos tendres bouches.
suçons le lait exprimé des douces mamelles de ta sagesse,
la grâce des grâces; petits enfants. abreuvés de la rosée de
l'esprit qui découle de ta parole nourrissante. chantons
ensemble des louanges ingénues. des hymnes sincères à
Jésus-Christ Roi.

» Chantons les saintes récompenses de la doctrine de
vie. Chantons avec simplesse l'Enfant tout puissant. Chœur
pacifique, enfants du Christ, troupe innocente. chantons
ensemble le Dieu de la paix ! »

Sur ces paroles élevées, faisons, ma cousine. notre
entrée à Sainte-Sabine. Admirons rapidement la belle porte
en cyprès. du XIII⁰ siècle. dont les bas-reliefs représentent
des scènes de l'Ancien Testament. et surtout le tableau. chef-
d'œuvre de Sassoferrato. où se détachent. suavement exquises. les figures de la Vierge Marie, de saint Dominique et
de Sainte-Catherine de Sienne.

Délicieuse. cette Catherine de Sienne. « la jolie sainte »
comme l'appelle monsieur Henri Joly dans sa « Psycholo-
gie des saints ». si attirante. si aimante. qui. dans son univer-
sel amour. après Dieu et avec Dieu et en Dieu. embrassait
les eaux mélodieuses, les plaines souriantes. les montagnes
aux contours harmonieux. la lumière divine. le beau ciel
toscan. les fleurs dont elle aimait à tresser des bouquets pour
ses amis. et les petits enfants qu'elle couvrait de caresses,
parce qu'il lui semblait baiser en leur personne Jésus fait
petit pour notre amour.

Sainte-Sabine a été le berceau de l'ordre des Domini-
cains. y ont fréquenté saint Dominique. saint Hyacinthe. notre
Lacordaire. Ici se réfugia Thomas d'Aquin pour se soustrai-

re à l'amour maternel qui voulait le ravir à l'amour de Jésus.

En revenant de Sainte-Sabine, ce jour-là, je n'ai donné qu'une attention fort distraite aux rues et à la foule de Rome; j'ai rêvé à cet amour si vif, si surnaturel de la vierge de Sienne, à cet amour dont les élus doivent s'aimer au ciel.

A Dieu, ma cousine.

DIX-HUITIÈME LETTRE

Ma Cousine,

Nous avons visité l'église dédiée à sainte Cécile. Elle est bâtie à l'endroit où s'élevait la maison de la jeune martyre et de son époux Valérien. Nous avons examiné, émus, le caldarium où, avec constance et douceur, Cécile souffrit pour l'amour de son Dieu. Quant à la statue de Maderna, elle nous a délicieusement impressionnés, et si les heures, voire même les minutes, n'étaient parcimonieusement ménagées aux pèlerins avides de tout voir, nous serions restés longtemps devant ce chef-d'œuvre de grâce délicate.

Sed fugit interea, fugit irreparabile tempus.

Vive Deo....

Vis pour Dieu! nous vivons bien pour Lui, puisqu'à Rome nous ne vivons que pour visiter ses églises.

Actuellement, nous sommes au sanctuaire consacré à son divin Fils, au Gesu. Il semble que par sa richesse, ses bronzes, ses marbres, ses dorures, ses statues, ses tableaux, par sa magnificence superbe, par ses merveilles enfin, cette église veuille donner une idée des merveilles de l'Homme-Dieu. Mais l'or ne peut dignement célébrer, pas plus que la langue, fût-elle celle de Monsabré, ne peut exprimer, ce tout petit infiniment grand : Gesu.

L'or, il peut tout juste, répandu dans les chapelles qui leur sont dédiées, symboliser la charité ardente qui animait ces deux amants passionnés des âmes : Ignace et François Xavier.

Ceux-là, ce sont les géants qui s'élancèrent sur le monde afin d'y divulguer le Christ, et dont le son de la voix se répercute encore par leurs fils, aux extrémités de la terre. Celle-ci, dont nous visitons l'église de la place Navone, c'est la petite vierge frêle et douce, douce comme un agneau : Agnès. Ce n'est pas la fière Romaine qu'est Cécile ; toutefois elle est bien sa sœur, par la pureté, par l'amour du Christ, sa petite sœur effacée sans doute, comme la fumée de l'encens lorsque l'ostensoir est retiré de l'autel et que le peuple s'est écoulé du temple resté vide, mais qui, mieux que l'encens, exhale son parfum, un parfum céleste qui pénétre l'âme et rend meilleur.

Agnès n'a que treize ans, et déjà elle est recherchée par le fils du proconsul. Elle dédaigne les avances qui lui sont faites. Elle a mis son cœur plus haut que les objets terrestres. Comme Cécile, elle est la fiancée de Jésus. Le proconsul romain est indigné du refus d'Agnès. La maladie de son fils subitement atteint sur ces entrefaites excite son courroux. Il fait conduire Agnès dans un lieu infâme. La vierge est dépouillée de ses vêtements, mais, ô miracle, sa chevelure croît instantanément et l'enveloppe tout entière d'un royal manteau. Cependant les anges du Seigneur la protégent et croisent autour d'elle leurs glaives invisibles. Malheur aux téméraires qui oseront approcher avec des désirs charnels. Ils seront frappés impitoyablement par les gardiens célestes : tel le fils du proconsul qui ne pouvant croire à l'inexorabilité du cœur d'Agnès, vint à la vierge, et tomba mort à ses pieds.

Mais Agnès trouve que ses amis les anges ont été trop sévères. Elle s'apitoie sur le sort du défunt, et bientôt, à sa prière, celui qui était mort revient à la vie. O puissance des cœurs purs! Ils commandent à Dieu, et Dieu se laisse faire, et Dieu va jusqu'à leur départir le pouvoir terrible de vie et de mort qu'il a sur l'humanité. Les cœurs purs, ils décident du sort des familles, des cités et des nations. Ils sont le pivot nécessaire à l'évolution des peuples vers le Bien.

Et c'est pour cela que le Mal s'acharne contre eux. Voyez les sectateurs et les prêtres des idoles païennes. Ils ameutent la populace. Celle-ci réclame la mort d'Agnès. Elle est toute puissante, comme maintenant. Le proconsul n'ose lui résister. Il sacrifie la belle jeunesse, l'innocence et la justice à son intérêt propre et aux viles passions de ses administrés. Agnès est jetée sur un bûcher. Les flammes ne trouvent pas en elle de quoi exercer leur vertu purificatrice. Elles se contentent d'entourer son corps de leurs méandres inconstants, et de faire à sa beauté une auréole de lumière. Le juge dépité condamne l'enfant à périr par le glaive. Sans qu'aucune émotion vienne ternir la sérénité de son visage, la vierge se recueille, lève un instant les yeux et les mains au ciel, puis s'agenouille. La douce petite a ramené elle-même, d'un geste gracieux, sa belle chevelure au sommet de sa tête. Son cou d'ivoire est à nu. Le bourreau hésite; il frappe enfin. La fleur tombe, arrachée de sa tige, mais les anges en chœur la transplantent aux parterres divins pour les éternels printemps. C'est l'époque où, dans la campagne romaine, la saison nouvelle gonfle les bourgeons, où l'amandier étale sa parure blanche légèrement pourprée. Plus belle que celle de l'amandier est la robe immaculée d'Agnès, teinte de son sang virginal.

Les parents d'Agnès ensevelirent son corps dans un domaine qui leur appartenait, sur la voie Nomentane. La petite martyre continua, après sa mort, la douce et invincible attirance qu'elle n'avait cessé d'exercer durant sa vie. Auprès d'elle veulent dormir leur dernier sommeil trois filles de Constantin : Constance, Hélène et Constantine. Il fait bon reposer près du cercueil de cette enfant qui, semble-t-il, doit contenir une dépouille spiritualisée, qu'embaument à l'envi les roses de l'amour divin et les lis de la chasteté.

C'est au tombeau de la petite martyre que s'élève l'église Sainte-Agnès-hors-des-murs. « Il n'y a peut-être pas de lieu, dans la campagne romaine, nous dit monseigneur Gerbet, où l'âme recueille plus d'impression d'innocence et de sérénité. » Dans cette église, chaque année, le jour de la fête de *Sainte Agnès*, a lieu une délicieuse cérémonie. De petits agneaux sont amenés, frères en innocence et en douceur de la bienheureuse. Sur leur toison naissante, ils portent avec la grâce timide et un peu gauche qui les caractérise, des rubans et des fleurs. Le clergé les bénit et les offre au pape qui les bénit à nouveau. Ils sont gentils à croquer, ces petits agneaux. Aussi sont-ils les bienvenus, je vous assure, au couvent des religieuses chargé de les recevoir et de les nourrir. Les saintes filles s'empressent autour de ces charmants envoyés du pape, les comblent de caresses et de friandises. Bref, les agneaux sont une douceur aux religieuses et les religieuses une sucrerie aux agneaux. Heureuses sœurs ! heureux agneaux ! Mais hélas ! toute félicité passe, celle des religieuses et celle des agneaux aussi. Ces derniers ont grandi : on les ravit aux bonnes religieuses pour les tondre et les tuer. Alors bien des soupirs s'exhalent au monastère.

Parfois même des larmes. de véritables larmes, s'il vous plait. coulent abondantes et furtives, et cette douleur s'éterniserait sans doute si, chaque année, à la Sainte-Agnès. de nouveaux petits agneaux, aussi mignons que ceux d'antan. ne venaient. dans le cloitre désolé. avec leurs bêlements semer des sourires.

Pourquoi faut-il maintenant qu'après avoir folâtré avec ces aimables créatures du bon Dieu. les religieuses et les agneaux. je sois amené à vous parler du sévère Panthéon. Oh ! la détestable nécessité des comptes rendus qui vous fait passer d'une extrémité de la Ville à l'autre, sans avoir même recours au pont Milvius (ou à tout autre) afin de donner au récit disloqué une suture nécessaire. Passez, ma cousine. passez. non sur le pont qui manque. mais sur ce défaut, avec votre habituelle indulgence.

Le Panthéon. ancien temple païen transformé en église. par son apect grandiose et la pureté de son style, donne à penser à ces constructions incomparables dont la Grèce à son apogée donna pour toujours le modèle aux siècles à venir. L'on y accède par un majestueux portique orné de seize colonnes de granit d'ordre corinthien, aux bases et aux chapiteaux de marbre blanc. Les murs sont d'une épaisseur de dix-neuf pieds Quant à l'intérieur de forme circulaire. son diamètre est de cent trente-deux pieds. Pareillement de cent trente-deux pieds la hauteur de la coupole. ce qui explique l'épaisseur démesurée des murs. Cette vaste rotonde n'est éclairée que par le haut de la coupole. Aussi de vulgaires ignares qui ne savent point pénétrer et apprécier les beautés de l'architecture. l'ont-ils parfois irrespectueusement comparée à un pâté chaud...

Un détail en passant. Savez-vous que par l'ouverture de ce pâté chaud. puisque pâté chaud il y a. Charles-Quint

faillit passer un jour. C'était quelques années seulement
après les horribles cruautés commises à Rome par les soldats
de l'empereur. Ce dernier visitait la Ville, et, par sa bonne
grâce. tâchait de faire oublier le passé. Malgré tout. la
haine sommeillait encore vivace dans les cœurs. L'empereur était au Panthéon. Grimpé sur la coupole. il se pen-
chait au-dessus de l'ouverture circulaire que nous venons
de mentionner. lorsque le jeune officier qui l'accompagnait
et avait présents à la mémoire les méfaits des soldats de
Charles-Quint. fut pris d'une furieuse envie de précipiter
l'empereur sur le pavé. Il se retint. Pourquoi ? Nous
l'ignorons. Mais quels changements cette petite poussée
n'eut-elle point apportés en Europe ! L'officier de retour
chez lui. ennuyé. je crois, d'avoir résisté à la tentation,
confia à son père le désir qui l'avait si violemment agité :
« Je ne sais. dit-il. comment j'ai résisté à cette envie de le
précipiter de cette hauteur sur le pavé. » — « Mon fils. lui
répondit le père. ce sont de ces choses que l'on fait et que
l'on ne dit point. »

Le Panthéon fut bâti par Agrippa. Il était primitivement
dédié à Jupiter et à Mars Ces deux divinités ne sont pas
exclusives. sans doute. puisque, insensiblement. sans aucune protestation de leur part. les autres dieux s'installèrent
à côté d'elles. Tout le ramassis de l'Olympe était là ; les
adorateurs aux goûts élevés pouvaient s'y satisfaire, et aussi
les autres. Triste époque où tout était dieu. excepté Dieu,
pour les hommes à l'intelligence obnubilée par le cœur
dépravé. Aussi, pour purifier ce lieu et le transformer en
église. ne fallut-il rien moins, en plus des prières liturgi-
ques. que la quantité énorme d'ossements sacrés des martyrs apportés ici des catacombes. par les soins du pape saint
Boniface IV. Dès lors le Panthéon ne fut plus le Panthéon.

c'est-à-dire le temple de tous les dieux et déesses antiques, mais l'église du Dieu un consacrée à tous les saints, et spécialement à leur auguste reine, la Vierge très pure: Sainte-Marie-des-Martyrs, tel est son nom pour le chrétien.

Au Panthéon dorment leur dernier sommeil le grand peintre Raphaël, le fin diplomate Consalvi, et aussi un personnage à la gloire plus que douteuse: Victor-Emmanuel.

Je ne terminerai pas ma lettre sur ce nom détestable aux catholiques à cause des spoliations qu'il rappelle, mais sur le nom de celui qui l'a jugé comme il nous jugera un jour: A Dieu, ma cousine.

Dix-Neuvième Lettre

Ma Cousine,

J'ai revu Saint-Pierre, je l'ai revu chaque matin de mon séjour à Rome, toujours avec une joie nouvelle, et c'est pourquoi, avant de clore cette série de lettres où je vous ai parlé de quelques-unes des églises romaines, je tiens à vous dire encore un mot de cette église principale de l'univers catholique. J'ai évoqué devant vous les impressions religieuses de ma première visite. Aujourd'hui, j'irai à l'aventure dans ce monde de merveilles, et si les choses, les faits ou les personnes par moi désignés à votre attention ne vous paraissent pas toujours dignes de remarque, ils vous serviront du moins peut-être à vous donner une idée petite toute petite, mais une idée quand même de la basilique du prince des Apôtres.

Saint-Pierre, parmi les œuvres d'art innombrables qui sollicitent la vue, c'est le tombeau de Clément XIII par

Canova, avec les superbes lions qui semblent, vivants et farouches. en garder l'entrée. Très belle la statue du pontife. moins admirables à mon avis les personnages allégoriques qui l'entourent. le tout d'un grand effet. Ce Canova était un doux qui semblait s'acharner à produire des œuvres fortes. Il a sculpté un énorme Bonaparte. très populaire. et un Hercule lançant Lycas dans les flots, ce dernier sans doute sur les paroles si suggestives du Télémaque : « Hercule s'étant revêtu de cette tunique (du centaure Nessus). sentit bientôt le feu dévorant qui se glissait jusque dans la moelle des os: il poussait des cris horribles, dont le mont Oeta résonnait, et faisait retentir toutes les profondes vallées; la mer même en paraissait émue: les taureaux les plus furieux, qui auraient mugi dans leurs combats, n'auraient pas fait un bruit aussi affreux. Le malheureux Lycas, qui lui avait apporté de la part de Déjanire cette tunique, ayant osé s'approcher de lui, Hercule, dans le transport de sa douleur. le prit. le fit pirouetter comme un frondeur fait, avec sa fronde. tourner la pierre qu'il veut jeter loin de lui. Ainsi Lycas. lancé du haut de la montagne par la puissante main d'Hercule. tombait dans les flots de la mer, où il fut changé tout à coup en un rocher qui garde encore la figure humaine. et qui étant toujours battu par les vagues irritées. épouvante de loin les sages pilotes. » Canova sculpta aussi Psyché et Madeleine. et ces sujets devaient être davantage dans les goûts de cette âme plutôt féminine qui, avec plaisir. offrait à madame Récamier sa maison d'Albano pour une saison d'été. et éprouvait tant de joie douce à converser avec elle.

Toutefois, voici qu'à la suite de Canova et sur les traces de l'enchanteresse Récamier. je me suis éloigné de Saint-Pierre que je n'aurais pas dû quitter. Revenons-y, ma cou-

sine. avec la sainte Thérèse du Bernin. Elle est si belle. si
expressive! Beaucoup d'œuvres du Bernin ornent Saint-
Pierre. En plus de la colonnade qui met en relief le monument de Bramante et de Michel-Ange. on lui doit des statues
de saint Longin et de Constantin. le baldaquin de bronze
qui se dresse sous la coupole, et aussi le reliquaire gigantesque qui renferme la chaire du prince des Apôtres. ce
dernier plutôt baroque et de mauvais goût. Mais à tout je
préfère la sainte Thérèse. Au reste j'ai l'honneur, pour cette
admiration. d'être. sinon de pair. vous le pensez, du moins
de compagnie, avec monsieur Taine. Lui. d'ordinaire un
peu dur pour le Bernin, écoutez avec quelle admiration
émue il parle de ce chef-d'œuvre: « La sainte évanouie
d'amour. les mains et les pieds nus pendants. les yeux
demi-clos. s'est laissée tomber de bonheur et d'extase. Son
visage est maigri. mais combien noble !.... jusqu'aux draperies tortillées. jusqu'à l'alanguissement des mains défaillantes, jusqu'au soupir qui meurt sur les lèvres entr'ouver-
tes. il n'y a rien en elle qui n'exprime le divin élancement
de son transport. On ne peut pas rendre avec des mots une
attitude si enivrée et si touchante. Renversée sur le dos.
elle pâme. tout son être se dissout.... » J'ai bien vu les draperies tortillées dont parle monsieur Taine. Par masses
lourdes. elles ondulent en motifs tourmentés. On dirait
d'une bourrasque qui passe sur elles. la bourrasque de
l'amour divin. Pourquoi faut-il qu'en face de la sainte si
belle, le personnage qui représente l'amour divin. au lieu
d'avoir de cet amour l'impétuosité et le sublime. ne soit
qu'une beauté molle et languissante. digne tout au plus d'orner les temples de Cythère ou de Paphos.

Comme nous voilà loin de cette mièvrerie avec la Piéta
de Michel-Ange, et qu'il est harmonieux et délicat ce groupe

de la Vierge tenant son Jésus mort sur les genoux. Il semble que l'art florentin y ait mis toute sa science. J'ai vu et revu cette Vierge, et, chaque fois, ravi, lui ai découvert de nouvelles beautés. Sa figure est exquise de pureté. Elle est jeune, aussi jeune que son fils le Christ qui repose sur son sein. La raison de cette invraisemblance, Michel-Ange lui-même l'a donnée : « Les femmes pures, a-t-il dit, conservent leur jeunesse longtemps. Combien plus une Vierge en qui n'est jamais tombé le moindre désir impur. » La tête légèrement inclinée, elle adore et contemple. Elle adore surtout. Son culte intense se traduit par l'expression recueillie du visage et par les moindres détails de la posture. Sa main à moitié ouverte, n'exprime-t-elle pas un acte de résignation à la volonté divine ? Les pauvres yeux adorent aussi, mais en même temps que la prière, derrière leurs paupières baissées avec une incomparable grâce, l'on devine les larmes qui montent du cœur brisé de la plus tendre des mères, comme d'un inépuisable océan de douleur.

Pour passer à des choses moins belles et seulement plus monumentales, Saint-Pierre c'est aussi le large escalier en pente douce qui conduit à la partie supérieure de la basilique. Nous l'avons suivi, nous sommes promenés sur la basilique, et, de là, après avoir circulé autour des évangélistes de la coupole, avons accédé à la lanterne de ladite coupole, voire même jusqu'à sa boule de cuivre d'où nous avons découvert « un horizon à souhait pour le plaisir des yeux. » Saint-Pierre, c'est encore la sacristie vaste et richement décorée où l'on attend patiemment, ou impatiemment, en nombreuse compagnie de prêtres, le moment où l'on pourra dire la messe ; les sacristes qui s'agitent affairés autour des célébrants en partance pour l'autel, et, sur les têtes oublieuses enfoncent jusqu'aux yeux des barrettes aux proportions extravagantes; les enfants de chœur espiègles qui courent devant vous, se retournent pour jouir de votre essoufflement, reprennent leur course, s'interrompent afin de ravir une clochette ou octroyer une chiquenaude à un camarade en fonctions, vous servent la messe, à la course toujours, et vous quittent pour courir encore à de nouveaux services et à de nouvelles espiègleries. Ils sont si remuants et si entreprenants sur les voiles de calice, burettes, missels, etc. les enfants de chœur de Saint-Pierre, que mon bon oncle, certain matin, me confiait très sérieusement qu'ils avaient dit les trois quarts de sa messe. Braves enfants, au reste, pas indifférents du tout à la petite monnaie qu'on leur donne pour récompenser (non pour encourager) leur service rapide, et très sensibles au point d'honneur. Je me souviendrai longtemps de la mine irritée que me fit l'un d'eux que je traitais aimablement de *bambino*. Être un bambin est injurieux pour ces enfants qui se croient des hommes. Humanité, humanité, l'on te retrouve bien partout, même sous la coupole de Saint-Pierre!

Saint-Pierre, c'est enfin le grand Pénitencier qui majestueusement touche de sa baguette le pénitent qu'il absout; les chanoines qui, dans leur chapelle fermée par une grille de bronze, chantent la messe avec leur prononciation italienne si douce, cependant qu'un bel orgue les accompagne. Saint-Pierre, c'est une multitude de choses belles et grandes que je ne vous dis pas ici parce que je n'ai ni le temps, ni le talent nécessaires à une telle œuvre. Après avoir papillonné à tort et à travers, je m'arrête étonné de n'avoir presque rien dit et n'osant parler davantage, trop heureux si je m'arrêtais sur un sourire, non un sourire de pitié (celui que je mérite sans doute), mais le sourire heureux que vous arracheront peut-être les prouesses des *bambinos* de Saint-Pierre, la baguette du Pénitencier, et aussi l'idée de cette harmonieuse messe des chanoines qui, en leur chapelle grillée, aux doux sons de l'orgue, chantent si doucement.

A Dieu, ma cousine.

Vingtième Lettre

Ma Cousine,

La plus belle de nos journées à Rome fut bien celle où il nous fut donné de voir le Vatican et son hôte auguste. Tout d'abord, nous avons visité le vaste jardin qui, de sa verdure, égaie la masse jaunâtre et triste du palais pontifical. Au cours de la promenade, nous avons examiné la grotte de Lourdes et la tour Léonine, et, crime abominable, avons ravi quelques fruits aux orangers du pape. Le croiriez-vous, ma cousine, nous avons perpétré ce forfait sans crainte aucune d'excommunication majeure. Aussi bien n'étions-nous point d'insolents déprédateurs: nous agissions plutôt à l'instar de ces timides et pieux voleurs de reliques dont l'action, blâmable en elle-même, mais toute pétrie de bonnes intentions, sera sans doute comptée comme vertu par le souverain Juge!

Après le jardin, le palais du Vatican aux galeries ornées de chefs-d'œuvre. Ici défilaient les papes d'autrefois, avec des pompes maintenant inconnues. Ici le musée où les statues antiques expriment fortement le calme héroïque et le sentiment de la force. Parfois, cependant, ce calme fait place aux douleurs surhumaines et à la terreur des châtiments célestes: tels cette Niobé à qui l'on a tué ses qua-

torze enfants, et ce Laocoon tourmenté d'horrible manière
par la morsure de serpents qui. sous le fouet du courroux
divin qui les excite. enserrent le corps et les membres du
supplicié.

Nous avons vu des sarcophages dont les bas-reliefs.
afin peut-être de leurrer les vivants sur l'immobilité des
morts. représentent l'activité fougueuse des batailles. Non
loin de cette vie. des statues égyptiennes, roides et sans
expression. comme des momies. Les Egyptiens ont excellé
dans l'art de sculpter les animaux; ce qu'ils n'ont pu exprimer. c'est le reflet d'une âme à travers un visage humain.

Je ne vous parlerai ni de l'Apollon. ni du Nil. ni d'autres œuvres qui, à des titres différents. sollicitent l'attention.
J'ai hâte de vous conduire aux chambres de Raphaël et à
la Sixtine. Allons-y. ma cousine. à travers les longs couloirs et escaliers pontificaux.

Raphaël. Raphaël. c'est la joie aux yeux et au cœur que
nous avons contemplé quelques-unes de vos œuvres. Nous
n'essaierons point. pauvres que nous sommes. de balbutier
vos louanges après tant de diserts qui éloquemment ont
écrit de vous. Nous avons cependant. pour notre faible
part. admiré cette scène dramatique de l'*Incendie du Bourg*
enfantée par votre génie. où sur les figures de vos héros.
avec puissance. sont exprimés la terreur, l'exaltation,
l'abattement. la volonté de vivre. Le drame est dans l'expression des visages. De flammes. point ou presque point.
Toutefois. on les sent. invisibles. activées par un vent
violent qui agite les draperies et les chevelures. Elles croissent. croissent encore, menacent Saint-Pierre lui-même.
jusqu'à ce qu'enfin elles tombent et meurent grâce aux
prières du pontife Léon IV.

Puis, voici dans la *Dispute du Saint-Sacrement*, la glorification du Christ au ciel et dans l'Eucharistie. Dans les régions supérieures, c'est un épanouissement radieux d'anges et de chérubins autour de Dieu le Père. Au plan inférieur se tient le Christ. A ses côtés. le Précurseur et Marie, belle et douce. amoureusement inclinée devant son Jésus. Ils se détachent, pleins de gloire. Au-dessous. le Saint-Esprit symbolisé par une colombe, et des personnages qui incarnent l'Ancien et le Nouveau Testament. Maintenant, c'est à la terre de chanter Jésus victime eucharistique. Sur un autel très simple, exhaussé de quelques marches seulement. sans qu'aucun objet. pas même une croix, vienne distraire l'attention. l'ostensoir rayonne. Des saints et des savants s'empressent autour de lui. Parmi eux un jeune homme à la chevelure bouclée, au charmant profil et au délicieux visage, le duc de la Rovère, disent certains.

Dans la *Dispute du Saint-Sacrement*, Raphaël exalte Dieu; dans l'*École d'Athènes*. il célèbre la philosophie antique représentée par ses grands maîtres: Platon. Aristote et les autres. Je n'ai pas visité la Grèce. hélas! toutefois j'ai lu des livres très suggestifs qui parlaient d'elle, et il me semble. grâce au tableau du maître, avoir touché du doigt des réalités que je croyais intraduisibles. je veux dire l'achevé et la sérénité des temples helléniques, la douce lumière, l'air translucide et harmonieux. la beauté supérieure calme et pure.

Nous avons pu voir en outre, à la Pinacothèque. quelques tableaux célèbres: la *Sainte Hélène* de Véronèse. la *Communion de Saint Jérôme* par le Dominiquin: c'est un pauvre corps décharné et mourant qui se soulève. mais, dans le regard du saint passe quelque chose de cette vie éternelle dont il va recevoir le gage suprême; la Madone de Cesare de Sesto (*Madona della cintura*). si belle avec son

teint de rose et ses cheveux d'or. et l'*Annonciation* de Fré-
derico Barocci. Cette dernière m'a littéralement charmé.
Si délicats de formes et si divins de couleurs sont les visages de la Vierge et de l'Ange! Marie veut se dérober à
l'honneur de la maternité divine. « Comment cela se fera-
t-il ». parait-elle dire. Elle est inexprimable dans cette posture d'humilité gracieuse, cependant que l'Ange. un genou
en terre. la supplie.

Toutefois ces beautés, si grandes qu'elles soient. ne
sont rien pour moi en comparaison de celles de la Sixtine.
Mon admiration. presque exclusive. est en faveur de Michel-
Ange. Quel Titan. quel demi-dieu que cet artiste! Les
autres, même Raphaël. pâlissent à côté. Je vous ai déjà
parlé un peu de son *Moïse* et de sa *Piéta*. Aujourd'hui. je
veux essayer de vous dire ses sublimes fresques de la Sixtine. Auparavant. un mot sur l'artiste lui-même.

De Florence. sa ville natale (« Je suis né citoyen de
Florence. a-t-il dit. noble et fils d'un homme de bien ») et
où. protégé par Laurent-le-Magnifique. au milieu de dangers sans nombre, il avait conservé. dans la fougue du
jeune âge. sa foi intègre et ses mœurs pures. Michel-
Ange vint à Rome. Là. un Français (ces gens sont incomparables pour flairer le génie. le dépister et le faire grandir)
l'abbé de Saint-Denis, cardinal de Sainte-Sabine. Jean de
Groslaye de Villiers, ambassadeur de Charles VIII. après
l'avoir pris sous sa protection. lui fit exécuter, à destination
de la chapelle Sainte-Pétronille. de Saint-Pierre, une Piéta.
le chef-d'œuvre dont je vous ai entretenue. Le gonfalonier
Soderini apprécie et favorise à son tour Michel-Ange.
Enfin. le pape Jules II lui accorde sa haute bienveillance.

Cependant la jalousie cherche. vainement d'ailleurs. à
s'opposer à la marche du jeune artiste vers une gloire plus

haute. Bramante, le réédificateur de Saint-Pierre, espérant
un échec, conseille sournoisement à Jules II de confier à
Michel-Ange la décoration de la Sixtine. Le Pape parle.
Michel-Ange refuse. Le pape insiste. Michel-Ange accepte,
la mort dans l'âme, désespéré de pouvoir réaliser les conceptions sublimes qui déjà hantent son esprit. « L'homme
obéissant racontera ses victoires », dit l'Écriture. Cette
parole, une fois de plus, devait se réaliser en faveur de
Michel-Ange.

L'artiste s'enferme dans sa chapelle. Il broie lui-même
ses couleurs. De l'aube au couchant, il est tout entier à son
œuvre, tenace, héroïque, infatigable. Un peu de pain et de
vin composent sa nourriture. L'ardente fièvre qui le con-
sume le soutient et l'inspire à la fois. La tête constamment
tournée vers les voûtes, il n'a presque, solitaire agité, d'autres visiteurs que les êtres surhumains qui peuplent son
cerveau en travail.

Jules II vient voir de temps à autre la marche des tra-
vaux. Aussi impétueux et mobile de caractère que d'âme
forte et élevée, le grand pape s'irrite : — « Quand finiras-tu
donc? s'écriait-il. » — « Quand je pourrai. » ripostait
Michel-Ange. Le pape, outré de ce calme, menaçait l'artiste de le faire jeter à bas de son échafaudage, puis bientôt,
rentré en lui-même, faisait finalement porter d'humbles
excuses à l'obstiné travailleur. Quelques scènes de ce genre
troublaient seules la confection du chef-d'œuvre. Bien
qu'inachevé, on le découvrit enfin devant l'impatient Jules
II. Le pape admira, et avec lui l'Italie entière. Bramante
fut déçu et terrassé. Raphaël jaloux. Au concert de louanges qui alors s'éleva, les siècles tour à tour ont apporté
leurs chants, et nous, tout petits, perdus dans cette foule
d'admirateurs la plupart illustres, nous osons élever notre

voix et offrir notre tribut, sinon magnifique, du moins sincère et cordial.

Les peintures de la voûte de la Sixtine se divisent en trois parties : la partie plane, les pendentifs, enfin les fresques des ogives, des lunettes et des angles de la chapelle. La partie plane est consacrée à des sujets bibliques. Neuf compartiments se succèdent où nous avons admiré spécialement les scènes de la création. Dieu vole sur les nues. *Deus qui intueris abyssos* : ses yeux, sans sourciller, fixent l'abime. Il étend les bras. Dans les membres et la posture transparait une force indicible. Plus que les héros, plus que l'Hercule de la fable, c'est le Tout-Puissant. A son seul geste, les astres radieux peuplent l'espace cependant que les anges ébahis admirent et se voilent la face. Plus loin, Dieu se retire. Ce sont encore les mêmes formes surhumaines qui s'atténuent dans une fuite que l'on suppose vertigineuse. Et cette fuite même est féconde : sur le passage divin, les arbres ont poussé et dressé leur frondaison vers le ciel.

Je ne vous dirai pas Adam nonchalamment couché au flanc d'une colline et que Dieu, entouré de ses anges, touche du doigt : sublime effleurement d'où jaillit sans doute l'étincelle divine, l'âme qui doit animer le corps du premier homme : ni la création de la femme, cette Eve née de l'homme, qui, toute belle, se tourne, les mains jointes, vers Dieu, afin de lui exprimer sa reconnaissance. Dieu la bénit, et son regard est plein de pitié douce envers celle qui, en même temps que la source de la vie, doit-être au genre humain la cause de tous les maux. O Eve, Eve, pourquoi tant de curiosité vaine et tant de faiblesse jointes à tant de charme ! Je ne vous dirai pas non plus les couples enlacés et les enfants désespérément liés à leurs mères devant l'inévitable flot envahisseur. et sur les ondes montantes l'arche qui va. sereine. portant l'espoir de l'humanité. J'ai hâte d'arriver aux sibylles qui ornent les pendentifs.

Je passe sous silence les prophètes. Honneur aux sibylles ! Ce sont elles qui m'ont captivé. même vous sibylle persique. même vous vieille et bossue. qui, de vos yeux demi-morts approchez le livre des destinées. C'est qu'aussi bien vous êtes vêtue de vert et de rose, de vert. couleur d'espoir, et de rose. couleur de cette aurore. soit du jour soit de la vie. qui si fortement nous enchante. Toutefois. ma prédilection ne va point à vous, ni à votre sœur de Cumes ; elle ne s'arrête pas davantage à la sibylle de Delphes dont le regard. dédaigneux du rouleau des arcanes. va. mélancolique, se noyer dans l'avenir : elle se donne à la sibylle Erythrée. Elle est superbe de profil. cette sibylle, avec des membres un peu gros qui doivent probablement exprimer la force. apanage de la divinité dont elle est la servante et la co-participante. Vous êtes belle. sibylle d'Erythrée. mais vos genoux mollement repliés l'un sur l'autre vos bras étendus avec langueur, votre visage mélancolique et un peu découragé qui se tourne vers le livre des oracles. disent assez votre impuissance à déchiffrer tout entière l'énigme de la vie. Sibylle mélancolique. voici que. malgré le génie qui souffle sur elle pour l'aviver, va s'éteindre la petite flamme de vérité dont vous étiez la laborieuse et obstinée détentrice. Sibylle d'Erythrée. *ecce Deus* : voici le Christ. Voie. Vérité et Vie.

Du côté de l'autel. à l'un des angles de la chapelle, j'ai remarqué la scène du serpent d'airain. D'une part. éclate la confiance sereine de ceux qui contemplent, en une muette prière. le symbole libérateur ; de l'autre, le désespoir des malheureux poursuivis par les reptiles exécuteurs de la vengeance céleste : et l'on voit des bras qui se lèvent épouvantés, des yeux remplis de frayeur. des membres énormes qui se plient et se tordent sous des enroulements froids et visqueux. des mains. des pauvres mains qui. par des efforts désespérés. tentent vainement de désserrer des nœuds hideux.

Michel-Ange n'avait que trente-sept ans lorsqu'il peignit la voûte de la Sixtine. Cette œuvre suffirait à l'immortaliser. Si elle n'est pas d'un dieu, elle est de quelqu'un qui. à un degré éminent, a participé à la force divine : *Michael*. Michel : fort comme Dieu.

Vingt-deux ans plus tard seulement. l'artiste devait terminer l'ornementation de la Sixtine par cet autre chef-d'œuvre : *Le Jugement dernier*. Sur l'invitation de Clément VII. il revient à la chapelle. sa chapelle qui lui est chère ayant été le témoin doux et accueillant de ses joies. et aussi. hélas ! de ses tristesses et de ses désespérances. Il va par l'antique voie Flaminienne. La jeunesse ne nimbe plus son vaste front. mais très vive en ses yeux de sexagénaire brille encore la flamme divine de l'inspiration. Il va, maigre et nerveux. Point de fastueux équipage pour ce prince des arts. Sa mise est des plus simples ; un seul serviteur l'accompagne. Les passants s'empressent autour de lui. Ils savent que c'est le génie qui s'avance. et. confiants, sans comprendre. ils admirent. Ils le traitent déjà avec cette familiarité sympathique et respectueuse dont le peuple a coutume d'user envers ceux que la gloire couronne : ce n'est plus le Buonarotti, c'est tout court. Michel-Ange. L'artiste cependant continue sa route, insensible à ces démonstrations. Il ne dédaigne pas. oh ! non. mais il est absorbé. et si parfois son front se penche comme sous un fardeau trop lourd, quoi d'étonnant? Tant de personnages terrifiants et sublimes éclosent à la vie dans son cerveau.

Soudain la Buonarotti a relevé la tête. Il sourit à sa vision, et un éclair de malice traverse ses yeux. A quoi peut-il rêver si ce n'est à la place de choix dont, aux enfers, il gratifiera généreusement ses ennemis. Biaggio di Cesena, maître de cérémonies de Paul III, qui aurez l'audace de critiquer le maître, déjà peut-être commencent de pousser les magnifiques oreilles d'âne qui, aussi longtemps que durera l'enfer de Michel-Ange (consolez-vous, bien qu'immortel à la façon des gloires humaines, il ne durera pas aussi longtemps que l'enfer éternel) agrémenteront votre tête de damné.

Une déconvenue attendait le grand artiste à son entrée dans Rome. Clément VII, qui l'avait appelé, meurt. Paul III, son successeur, n'est pas heureusement de ceux qui jugent vaines et malencontreuses, par esprit de parti, les entreprises de leurs prédécesseurs Escorté de dix cardinaux, il va renouveler à Michel-Ange la commande des peintures de la Sixtine. Celui-ci se met à l'œuvre. Il est joyeux. Il se sent à la hauteur des conceptions qui hantent son esprit: des amis fidèles l'encouragent et le soutiennent : Polo, Sadolet, Contarini, Bembo et surtout Vittoria Colonna, la veuve du marquis de Pescaire, à la mort de laquelle il devait éprouver une si grande peine: « Elle me voulait, disait-il, beaucoup de bien, et moi non moins à elle. La mort m'a pris une grande amie. »

Ce ne fut qu'en quinze cent quarante et un, huit ans après avoir été commencée, que la page sublime de Michel-Ange fut offerte à l'admiration. Hélas! Vittoria Colonna n'était plus de ce monde; mais les autres fidèles étaient venus, et aussi les cardinaux, les prélats et les plébéiens qui préludaient de la sorte. magnifiquement, au concert de louanges qui. de tous les points de l'Italie. devait éclater en l'honneur du chef-d'œuvre. Laissez moi. ma cousine, vous en dire rapidement l'économie. Dans la partie supérieure très mouvementée. des anges s'agitent qui portent les instruments de la Passion, et paraissent reprocher aux hommes ingrats qu'atteint la sentence divine. l'inutilité du sang de l'Homme-Dieu. Au dessus. le Christ. Terrifiant d'attitude, il prononce sur les damnés les paroles de la malédiction. A ses côtés se trouve la Vierge. Effrayée. elle détourne ses regards des maudits et contemple la foule des justes. Sur un plan inférieur. les anges sonnent de la trompette. A leur droite. les élus montent au ciel; à gauche. dans une interminable descente, par une force à l'action de laquelle ils ne peuvent se soustraire. les damnés sont précipités en enfer. La scène ultime de ce drame poignant se passe sur la terre. A droite les morts sortent de leurs tombes; au centre. un gouffre ouvert. le purgatoire sans doute; à gauche les damnés qui. en foule confuse. s'empressent dans la barque fatale sous les coups répétés de l'impitoyable nocher des enfers

La barque à Caron est peut-être de trop ici. Peut-être encore les saints de Michel-Ange ont-ils des allures quelque peu olympiennes. Qu'importe. au reste, de légers défauts. dûs plutôt à l'époque de l'artiste qu'à l'artiste lui-même. Dante ne s'est-il pas servi des images du paganisme, et qui donc irait. pour cette cause. essayer de déflorer la couronne de gloire dont les siècles ont ceint le front du poète.

Et je ne dirai point davantage du *Jugement dernier*. avec un certain monsieur Simon : « Dos et visages. bras et jambes se confondent : c'est un véritable pouding de ressuscités. » Je préfère plaindre monsieur Simon d'oser parler pour

ding en semblable matière, et m'associer, pour ma part, à
monsieur Emile Ollivier proclamant Michel-Ange, en cette
fresque. « le peintre divin des justices divines. » Voilà qui
n'est point grotesque, et plus exact, et plus délicat que le
pouding. Juste ciel ! ce monsieur Simon était-il un Anglais
pour que le pouding lui tint tant au cœur ou plutôt à …
l'estomac, qu'il en mit. inutilement d'ailleurs, jusque sur
les murs de la Sixtine. Quelle rage, mon Dieu, quelle rage
de dire des sottises !

Avec le *Jugement dernier*, Michel-Ange atteint l'apogée de sa gloire. Des personnages de l'Italie et d'ailleurs
s'empressent autour de lui. Le Titien. alors septuagénaire,
vint le visiter, et ce dût être une rencontre impressionnante
que celle de ces deux génies divers de couleurs, de formes,
de caractères ; de ce Michel-Ange aux façons austères et
rudes, et de ce Titien charmant et prenant. O merveille de
la douceur, sous la grâce de son illustre visiteur s'est amol-
lie la rude écorce du bon Michel-Ange. Il est, avec le charmant Titien. charmant lui-même, et délicieusement étonné
de se trouver charmant, et celui est une peine de s'arracher
à si suaves entretiens.

En même temps que la gloire comble Michel-Ange de
faveurs, la douleur, rançon habituelle du triomphe, commence de l'accabler. Il perd le pape Paul III qui entretenait
avec lui de cordiales relations. ses frères, Urbin, son serviteur fidèle, à la mort duquel il s'écrie : « La majeure por-
tion de moi est partie avec lui, il ne me reste qu'une misère
infinie. » Plus que jamais il se renferme dans ce qu'il appelle : « *suo melanconico*. son mélancolique. »

« Vous avez l'air d'être un peu misanthrope ». dit
Escalus — « J'ai vu de trop bonne heure la beauté parfaite ».

répond Mercutio. Il est extrèmement « las de ce qui passe
et nous déchire en passant. »

Toutefois sa misanthropie ne dégénère point en égoïs-
me. Il multiplie les œuvres de charité. Sa bonté qui
s'était épanchée déjà sur la misère. devient plus grande, plus
profonde. Elle prend des délicatesses ignorées : l'objet de
sa sollicitude principale, c'est la jeune fille pauvre dont il
veut, par le mariage. préserver la vertu.

Lui cependant. accablé de chagrins et fatigué d'années,
envisage la mort. la tète levée. plein de sérénité. comme
ce Christ dont il avait fait jadis présent à Vittoria. et qui.
en face du trépas. au lieu d'incliner son front, le dressait
vers le ciel avec une assurance divine. « Il faut. disait-il.
réserver son allégresse pour le jour où meurt un homme
qui a bien vécu. » Et ailleurs : « La vie nous plaît : pourquoi
donc la mort. œuvre du même maître. nous déplairait-
elle ? » A la place de la terreur coutumière aux âmes viles
lorsque approche la grande envoyée de Dieu. il n'éprouve
que des sentiments d'espérance et de foi. et sa main défail-
lante qui jusqu'à la fin ne cessa de travailler. en reçoit une
vigueur et une direction nouvelles.

Une piéta avait inauguré sa gloire : une piéta devait la
parachever. Toujours mécontent de lui, le vieil artiste brisa
son dernier chef-d'œuvre, mais des mains pieuses en recueil-
lirent les fragments et le reconstituèrent. Il est maintenant
sous le Dôme de Florence, derrière le maitre-autel. Monsieur Eugène Guillaume a magnifié en termes éloquents la
sainte poésie qui s'en exhale. et, à sa suite, pleins d'émotion.
nous saluons Michel-Ange voilé sous le froc d'un pénitent
qui serre passionnément sur sa poitrine le Christ et sa mère.
Et de toutes les idées qui hantèrent le cerveau puissant de
Michel-Ange, la plus sublime. ma cousine, fut bien celle,

lorsque la mort venait, de se faire pénitent, et de presser contre son cœur Jésus mort pour nous, et Marie qui par nous a tant souffert.

Le corps du grand artiste, après des obsèques triomphales, fut enseveli dans l'église de Santa-Croce, à Florence. Près du tombeau s'ouvre une fenêtre d'où l'on découvre la coupole, modèle de celle de Saint-Pierre, bâtie par Philippe Brunelleschi.

Et nous ne troublerons point, par des louanges répétées et insuffisantes, le dernier sommeil du grand homme. C'est lui-même qui nous invite à la discrétion et au silence par ces paroles qu'il a mises sur la bouche de son admirable statue de la Nuit :

> *Grato m'è il sonno, e più l'esser di sasso,*
> *Mentre che il danno e la vergogna dura,*
> *Non veder, non sentir m'è gran ventura.*
> *Pero non mi destar, deh ! parla basso.*

« Il m'est doux de dormir, et plus doux d'être de marbre. Aussi longtemps que durent l'injustice et la honte, ce m'est un grand bonheur de ne pas voir et de ne pas entendre: ainsi donc ne m'éveille point; de grâce parle bas. »

Hélas! l'injustice et la honte durent encore !

Avant de sortir de la Sixtine, nous avons jeté un regard ému à la petite tribune de marbre et d'or d'où ont jailli, vers le chef-d'œuvre de la peinture, tant de chefs-d'œuvre musicaux. Et nous aurions voulu y voir don Perosi conduire l'une de ses œuvres, puis nous faire entendre et goûter les maitres dont il a le culte: Palestrina, Roland de Lassus et les autres; et, pour nous laisser sur une impression délicieuse, bien que nous ne soyons pas au temps de Noël, finir par ce motet de Nanini: *Hodie Christus natus est*, qui, au dire de monsieur Camille Bellaigue, « débute avec un sourire, et par degrés s'anime et s'enivre de joie. »

Sur ce désir frustré, je vous dis adieu, ma cousine. Je remets à la fois prochaine la relation de notre visite au pape.

Vingt-et-Unième Lettre

Ma Cousine,

Nous avons vu le pape et il nous a bénis. Nous étions là douze cents, dans la galerie du musée lapidaire. Pie X venait de recevoir en audience privée les directeurs des trains de pèlerinage, et de baiser avec effusion notre drapeau français. Nous savions qu'il allait venir, et tous les cœurs étaient tendus vers lui. Mais voici l'auguste pontife. Pendant qu'il approche, précédé de sa garde, nous nous recueillons, nous souvenant de ces paroles du cardinal Sarto, patriarche de Venise, lorsqu'il venait voir Léon XIII : « On doit se préparer à la visite du pape, comme on se prépare à la réception d'un sacrement. »

Pie X s'avance, entre deux haies de pèlerins émus. Son regard profond, doux et ferme à la fois, rayonne sur nos âmes, les illumine et les échauffe. Sur son visage erre un bon sourire, un peu triste. Peut-être le prisonnier du Vatican regrette-t-il cette vie de Venise où bonnement il se mêlait au peuple et dépensait son zèle en des œuvres extérieures et multiples. C'est cela sans doute, mais c'est plus que cela. Le pape est saintement triste, parce que, à l'exemple du Christ sur la voie des douleurs, il porte les péchés du monde. Tant de malheureux répudient et blasphèment son Maî-

tre. et elle est si grande et si pitoyable la foule de ceux qui
les méconnaissent ou les ignorent. Lui. le Roi éternel des
siècles. et lui. son humble Vicaire.

Il vient lentement à nous le bon pape. Je voudrais, à
l'instar de beaucoup de pèlerins. en même temps que baiser
sa main, lui dire quelques mots pour exprimer le don du
cœur. L'émotion me suffoque, et je me contente de réunir
en un faisceau les âmes qui me sont chères. Et avec mon
père et ma mère, avec mon frère qui n'est plus, les aïeux
disparus et les autres que « des chaînes d'amour à notre
cœur unissent », vous étiez là. ma cousine. en bonne place.
afin de participer aux trésors spirituels dont le pape est. sur
terre. le grand distributeur.

Il passe le bon pape. et d'aucuns lui offrent des
cadeaux touchants, tel ce curé breton qui lui présente cinq
pièces d'or de cent francs, saintement économisées par sa
sœur sur l'apport de son rouet. Nous n'avons rien à donner
au pape, hélas! toutefois nous pensons qu'à l'exemple du
Christ le pape regarde surtout les cœurs. et nos cœurs sont
à lui. Ce don de nous-mêmes. nous le mettons dans l'amour
pieux avec lequel nous baisons sa blanche soutane et nous
inclinons sous sa main qui bénit. Nous relevons la tête,
nous regardons le pape. O bonheur, il nous regarde. Nous
avons l'incomparable joie de sentir un instant ce regard si
prenant se poser sur nous, et nous envelopper d'évangélique tendresse.

Le pape a fini de bénir. Il s'est arrêté. et. d'une voix
forte. adresse la parole aux pèlerins. Il parle italien. va
lentement. accentue chaque mot, et c'est un régal mystique
que des paroles si harmonieuses et si saintes prononcées
par une bouche si auguste: « Comme souvenir du pèlerinage. emportez la résolution de rester toujours fidèles à

tous vos devoirs, attachés à vos évêques et à vos prêtres, afin que vous entriez en union avec eux dans les joies du paradis. »

Union sur terre dans le devoir, union au ciel dans le bonheur. Quelles grandes et belles choses! Ma cousine, que ces paroles éclairent notre vie, la rendent meilleure et aussi plus heureuse par l'espoir des biens célestes. C'est le vœu du pape. Aidés de Dieu, travaillons à le réaliser pour la joie du Vicaire de Jésus et la nôtre. A Dieu.

Vingt-Deuxième Lettre

Ma Cousine,

Nous avons fait l'excursion obligée de tout pèlerin romain qui se respecte : nous sommes allés à Naples. De notre voyage je vais essayer de vous rendre quelques tableaux et quelques impressions, quelques instantanés, si vous aimez mieux, pris au hasard de la course de l'express.

A notre sortie de Rome, l'aqueduc de Claude et d'autres encore nous accompagnent. Ils semblent vouloir nous protéger, et, parfois, nous enserrer, de leurs grands bras rigides tendus à travers la plaine.

Frascatti, avec ses vignes et ses châtaigniers, s'étage à nos yeux dans la verdure et la lumière. Nous savons que des sources y coulent abondantes et limpides, et, le croiriez-vous, jusque dans notre compartiment surchauffé, nous en ressentons une impression de bienfaisante fraîcheur.

L'express file. Des vignes, toujours des vignes hautes et belles, follement échevelées. Pour l'instant, elles descendent des coteaux et nous font escorte. Enlacées aux arbres, elles offrent à notre admiration leurs fruits magnifiques. C'est l'époque de la cueillette. Des Italiennes, montées sur des échelles, coupent les grappes dorées. D'un geste harmonieux, elles les déposent dans des corbeilles. C'est moins académique mais aussi gracieux que le tableau de monsieur de Curzon : « La Vendange à Procida. »

Du gracieux et du paisible, nous passons au sauvage et au mouvementé. Il a suffi pour cela de quelques tours de roues de la locomotive. Un vaste champ où l'on a fait la moisson. Un homme est là, de haute taille, avec des bottes grossières, un manteau et un chapeau aux larges bords. Le vent agite ses longs cheveux qui débordent sa coiffure. Lui, les yeux farouches, déchire l'air de son fouet. Sous cette menace, quatre chevaux petits et noirs, en train de paitre, détalent avec vitesse. De leur sabot, ils soulèvent la poussière des sillons. Ils fuient éperdument. Sur l'horizon rougissant, leur crinière semble une flamme qui s'agite. Rageur, l'air mauvais, l'homme les suit à grandes enjambées.

Un peu plus loin, sur notre gauche, au fond d'un ravin, une rivière desséchée offre dans un de ses recoins une eau rare et limpide. Une dizaine de femmes, en cercle, attendent leur tour de puiser. D'aucunes portent leur cruche sur la tête, d'autres nonchalamment la tiennent au bras et appuyée à leur hanche que fait saillir l'effort. Elles paraissent heureuses de s'être rencontrées, de l'endroit, de l'heure, et leur joie éclate dans leur conversation dont le vent, indiscret et léger, nous porte des bribes harmonieuses.

Il était à peindre ce jeune berger que nous n'avons fait qu'apercevoir, le chapeau enfoncé sur la tête, le parapluie en bandoulière, chaussé de guêtres et qui, un grand bâton à la main, immobile, fixait de ses yeux mélancoliques, plus

loin que son troupeau, dans le lointain vaporeux, le charmant objet de sa douce rêverie.

A Cassino, où notre train stoppe, une campagnarde,
après s'être introduite frauduleusement sur la voie, nous
offre à un prix modéré des raisins magnifiques. En même
temps que les yeux, les mains se tendent vers l'Italienne.
Déjà un de ses paniers est vide. Elle sourit et commence,
heureuse, la vente du second. Mais le buffetier survient.
Ce délaissé est furieux du succès de son heureuse rivale.
Il se précipite sur elle, et, brutal, renverse les raisins. Elles
gisent à terre écrasées, maculées, lamentables, les graines
dorées qui semblaient tout à l'heure encore, tant elles
étaient brillantes et belles, renfermer des rayons de lumière.
La femme s'est dressée superbe. La colère gonfle son sein.
Ses yeux noirs lancent des éclairs. Les mots ne chantent
plus sur ses lèvres; ils sifflent entre ses dents, telles les
lanières d'un martinet et cinglent le buffetier. Le malheureux ne sait que répondre. On le conspue, et d'un peu
partout l'on jette des pièces de monnaie à l'Italienne. O
impressionnabilité et générosité des cœurs français! Et
voici que la femme qui avait souri puis rageusement pleuré,
sourit et pleure à la fois maintenant. Sur ce sourire mouillé,
notre train part. Une petite cloche tinte sur la montagne d'à
côté: c'est la cloche du Mont-Cassin.

Je ne vous évoquerai point les grands noms qui illus-
trèrent la célèbre abbaye bénédictine. Je ne vous dirai
point non plus, malgré mon envie, Scholastique retenant
près d'elle, par un miracle obtenu du ciel, son frère Benoit
pour une nuit de méditation et de prière. Je descends de
ces hauteurs, et, à propos du Mont-Cassin, vais vous parler de monsieur Renan. L'impie blasphémateur fit plusieurs
séjours dans la fameuse abbaye. Un dimanche matin,

Renan fait irruption à la sacristie, et, empêtré, selon son habitude, demande si toutes les messes sont dites. Il ajoute qu'il voudrait entendre la messe, mais dans une chapelle où l'on ne serait pas en évidence. Un Père eut pitié de monsieur Renan et célébra dans la crypte. Monsieur Renan entendit la messe avec attention. Parfois, cependant, il était préoccupé: même encore monsieur Renan avait peur d'être vu. O la bravoure des athées officiels qui, après avoir claqué les portes du temple et « enseveli les dieux morts dans un linceul de pourpre », joignent les mains dans l'ombre des chapelles.

Le souvenir de cette messe fut-il, pour monsieur Renan à l'agonie, l'occasion d'une conversion sincère Nous le voudrions de tout notre cœur. Le point de départ est beaucoup moindre souvent d'où les âmes reviennent à Dieu.... La petite cloche du Mont-Cassin tinte toujours: elle chante de sa voix limpide et sereine, le triomphe du Christ sur ses contempteurs.

La nuit tombe lorsque nous arrivons à Capoue. O délices des soldats d'Annibal, vous fûtes moindres que les nôtres lorsque, l'estomac vide, nous contemplâmes amoureusement le contenu plantureux de notre petit panier à provisions: du poulet, d'autres victuailles dont le nom a fui ma mémoire oublieuse, un fiasco d'excellent vin, un verre en carton, une serviette en papier et l'inévitable cure-dent. Le paysage contemplé à la dérobée ajoute à notre bonheur. Au sein de la verdure sombre des vignes grimpantes, nous apparaissent des maisons rustiques. A côté, des tas de gerbes, et parfois aussi des feux de branches allumés en plein air, et dont les flammes se tordent, fantastiques, à travers les pampres.

Bientôt, à l'horizon, une lueur nous captive. Ce n'est d'abord qu'un point rouge qui grossit à mesure que nous

avançons ; puis l'on dirait d'un brasier allumé par la main
d'un berger, sur une montagne, aux approches de la nuit.
Le brasier s'agrandit encore. Un énorme nuage incandes-
cent le recouvre. Il s'agit bien en vérité d'un feu de berger.
L'homme, qui n'a pu allumer ce feu, ne saurait point l'éteindre. Ce brasier, c'est le brasier de Dieu : *il Vesuvio*, qui,
après avoir brûlé Pompéi, est pour Naples une menace perpétuelle ; et cette ville folle de joie, malgré la mort qui
sournoisement et continuellement l'épie, c'est Naples elle-
même, la superbe Parthénope chantée par les poètes et dont
le nom est jeté par les employés, clair et doux dans le soir :
Napoli, Napoli ! Nous sommes à Naples.

A Dieu, ma cousine.

VINGT-TROISIÈME LETTRE

Ma Cousine,

L'on dirait que ce soir-là, afin de nous recevoir, les
braves Napolitains sont en fête. Quelle affluence de promeneurs, juste ciel ! et quel embarras, non de Paris, mais de
Naples, que par les rues plutôt étroites, bordées de maisons
très hautes aux balcons chargés de femmes jacassantes et
peu vêtues, ces voitures, ces fiacres, ces omnibus qui se
croisent le long d'un cortége d'attelages étincelant, sous les
feux électriques, de petits miroirs et de paillettes ruisselan-
tes de lumière. Est-il pour nous ce déploiement de clin-
quant, et si ce n'est pour nous (chose probable vu notre
peu de valeur) est-ce pour quelque prince ou pour le gouverneur de la cité, qu'à travers les airs, se mêlent et s'entremêlent, dans une harmonieuse cacophonie, ces cris, ces
chants, ces tintements de clochettes. Et si nous autres Fran-

çais, nous sommes toujours jeunes, comme l'a dit Joubert, les Napolitains, ainsi que l'a prétendu ce même Joubert, ne seraient-ils pas toujours enfants. Oui, c'est bien cela, nous avons à faire à un peuple d'enfants qui, non une fois l'an, mais chaque soir, non au gouverneur ou à un prince, encore moins à des pèlerins français, mais à eux-mêmes, s'il vous plaît, s'offrent, avec une gaieté folle, d'incomparables fêtes.

Napoli, Napoli ! Tout chante ici la joie, et le tram lumineux qui démarre chargé de promeneurs et de promeneuses exubérants, et les enfants qui par les rues jettent leurs joyeux lazzi, et les femmes rieuses dont les yeux moqueurs impitoyablement vous poursuivent, et les hommes qui s'apostrophent et se coudoient, le mot plaisant sur les lèvres, et les instruments des lazaroni qui, dans le ciel chargé de lueurs de fête, jettent leurs notes provocatrices de tarentelles folles. Nous allons ainsi quelques minutes jusqu'à notre hôtel de la Grande-Bretagne, et, arrivés, nous frottons les yeux et nous demandons si tout à l'heure c'était le rêve ou la réalité. C'était la réalité : de la fenêtre de notre chambre, nous en goûtons encore quelques bribes : ce ne sont que des échos affaiblis, des sons de mandoline expirant et des chants qui se perdent dans le lointain ; toutefois ces échos sont si doux, que, malgré la fatigue, je serais ainsi resté, la nuit entière, à m'emplir les oreilles de mélodies, à regarder la rue si vivante, le ciel si lumineux et si bleu, et le Vésuve qui, à l'horizon, dressait son grandiose et fulgurant panache.

« Voir Naples et mourir. » Je l'ai vu un peu ce soir ; cependant de mourir je n'ai aucune envie. Je veux bien me reposer afin de le voir mieux demain. Voir Naples et le revoir encore : voilà ma formule. Elle doit être meilleure que l'autre plus célèbre. Et cette nuit, en attendant l'aube prometteuse de joies nouvelles, j'ai rêvé de Virgile et de son tombeau, du Tasse et de sa blanche maison de Sorrente, et aussi de l'affreux lac Averne et de la sibylle de Cumes.

Voici que le soleil pique de ses feux les marbres des maisons et les flots de la mer. Après les hommes et mieux que les hommes, la lumière commence de donner sa fête. Notre messe dite, en route pour Pompéi. Ce soir nous reviendrons à Naples et lui consacrerons notre journée de demain.

Pompéi, vous ne l'ignorez pas, ma cousine, était autrefois une petite ville agréable. Son air était doux et sa beauté chatoyante. Les Romains opulents s'y étaient fait construire de somptueuses villas où ils venaient parfois laisser des lambeaux de leur inutile vie. Le farniente était le passe-temps des habitants de Pompéi. Ils musaient au soleil, causaient, allaient aux bains, au théâtre, se divertissaient à l'envi, et, voluptueusement, jetaient les perles de leur rire dans l'air embaumé par la fleur des vignes et des orangers. Ils riaient, dis-je, mais leur rire, le plus souvent, avait des éclats lascifs. Ces braves païens cherchaient le bonheur dans la débauche. Vénus, plus que Minerve, était l'idole de la cité. La belle déesse immonde était sans conteste la reine des cœurs pompéiens.

Donc, tranquillement, à Pompéi, l'an 79 de notre ère, l'on s'amusait, sans souci, comme si le plaisir était éternel, et les âmes dormaient leur voluptueux sommeil de mort. Le réveil vint; il fut terrible. Trois jours de suite, le Vésuve, soudain irrité, vomit sur la cité des pierres, des cendres, des monceaux de lave qui, du cratère enflammé, se précipitaient, tels des torrents de feu.

L'on s'amusait à Pompéi, oui, l'on s'amusait encore lorsque le fléau éclata, et, subitement, les rires cessèrent et firent place aux pleurs déchirants et aux cris atroces de la

douleur physique la plus grande : celle des pauvres corps
torturés par le feu. Malgré les cris. malgré les pleurs. la
lave accomplit sa tâche vengeresse. O Vénus, que n'avez-
vous secouru votre cité chérie ! Si longtemps encore elle
aurait pu vous servir !

Cependant. guidée par la volonté du Tout-Puissant,
la lave recherche. en ses méandres tortueux, avec une
implacable fureur. les objets du courroux céleste. Elle
brûle les habits. ronge les membres et les entrailles. Sur les
joues et les yeux. elle pose d'affreux baisers qui corrodent
la chair frémissante. des baisers de feu. vengeurs et purifi-
cateurs.

Nous avons vu. au musée pompéien. des moulages en
plâtre. opérés dans la lave durcie sur les corps par elle
envahis, et qui expriment de manière frappante la douleur
de ces malheureux. Voici un homme couché sur le
dos. les jambes raidies. qui. le bras droit replié sur la figure.
semble vouloir repousser le trépas. Geste inutile ! Le trépas
est venu. et a ravi le pauvre apeuré. Un autre s'offre aux
regards. dont les jambes pliées se tordent sous la morsure
de la flamme. Ailleurs, c'est une jeune fille. Elle appuie sa
tête sur son bras. et dans un mouvement d'épouvante et de
défense à la fois, ramène sur sa tête le vêtement dont elle
était couverte. Voici deux femmes juxtaposées dont la plus
âgée est couchée sur le flanc. cependant que l'autre. tournée vers le sol. veut désespérément et vainement se soustraire à l'étreinte de la mort :

Mon beau voyage encore est si loin de sa fin !

. . . .

Du banquet de la vie à peine commencé.

Un instant seulement mes lèvres ont pressé

La coupe en mes mains encore pleine.

Enfin, parmi tant d'autres dont je ne relaterai pas la posture terrifiante, un homme, ventre à terre, horriblement angoissé, qui, de ses mains, paraît creuser le sol dans une convulsion suprême. Pauvres gens! Il est passé le temps de muser et de rire au soleil; il est passé le temps des folles et coupables orgies.

Ma cousine, nous sommes allés à travers les rues déblayées de Pompeia la belle. Elles sont pavées en pierre de lave grise et bordées de trottoirs. Comme elles sont planes, elles se transformaient en rivières aux temps de pluie, et, pour les traverser, de distance en distance, se trouvaient, destinées aux piétons, des bornes disposées de manière à ne pas entraver les roues des chariots. Les traces de ces roues se distinguent encore. Le long des trottoirs, de chaque côté de la rue, des maisons et des boutiques. Les marchands d'huile et de vin faisaient maçonner, dans des massifs de pierre parfois revêtus de marbre, les vaisseaux destinés à recevoir leurs denrées.

Nous avons visité la maison de Vettius. Vous la décrire sera décrire les autres maisons pompéiennes, celles de Salluste ou de Pansa, peu importe, bâties sur un plan à peu près identique. Après avoir franchi la porte extérieure (*janua*), et la porte intérieure (*ostium*), et salué les dieux lares postés à l'entrée, nous arrivons dans *l'atrium* (vestibule) sur les côtés duquel s'ouvrent l'appartement destiné à la réception des clients de minime importance, et les chambres réservées aux esclaves. C'est ensuite le *tablinum*, salon de cérémonie qui ouvre sur *l'atrium* d'une part, et le péristyle de l'autre, et les fait communiquer aux moyens de deux corridors (*fauces*) ouverts sur ses côtés. Le péristyle entoure un second *atrium*. Au centre, une fontaine. Tout autour, les appartements de la famille sont distribués. A un angle, le *triclinium* (salle à manger); au fond, la salle des festins (*arcus*).

Les appartements des maitres, la salle à manger surtout, sont ornés de peintures encore délicates et fraiches. Chez les Vettius, nous avons vu des Amours fleuristes, des Amours teinturiers, une Bacchanale d'amours, des Amours tireurs, des Amours vignerons, des Courses d'Amours en biges, des Amours médecins-pharmaciens, des Amours orfèvres, la séquelle des Amours, quoi! Ne soyez pas étonnée de cette profusion, n'en soyez pas scandalisée: je vous ai dit que nous étions dans une cité consacrée à Vénus. Ces Amours folàtres, en mème temps que la santé, sur leur face poupine, portent la langueur molle qui caractérise leur mère dissolue. Ce sont de petites atrocités qui, malgré leur figure charmante, inspirent de la répulsion. Ailleurs, c'est Diane au bain, et des bacchantes, danseuses de Pompéi, qui frappent le tambourin de leurs mains délirantes. Il y a bien d'autres peintures à Pompéi, et toutes, plus ou moins, respirent la débauche. Cette ville pourrie avait besoin d'ètre purifiée par le feu: elle le fut: je vous l'ai dit.

Nous avons examiné très rapidement le quartier des soldats, sorte de cloitre autour duquel s'ouvraient une quarantaine de chambres, les temples de Jupiter, d'Apollon et de Vénus, la Basilique dont les ruines superbes nous font deviner la magnificence première, et aussi l'Amphithéâtre. Et maintenant en route pour l'Hôtel Diomède où nous attend un bon déjeuner.

Des indigènes nous accompagnent. De leurs accordéons, de leurs violons et de leurs mandolines, ils nous font un orchestre endiablé. A leur répertoire: Santa Lucia, la Marseillaise, et.... Viens poupoule. Il parait que cette

Poupoule est article d'exportation. et nous acquiert un juste renom à l'étranger. Et que l'on admire Poupoule. cela prouve au moins que les étrangers qui l'admirent sont aussi sots que nous qui l'avons composée. C'est une consolation médiocre. mais une consolation quand même. Enfin. à l'hôtel Diomède. Poupoule nous a paru supportable. Pour la faire couler. nous avions entre autres une délicieuse omelette. du vin parfait. du cognac exquis qui venait de Cognac celui-là, j'en suis certain. et.... le Vésuve. tout à côté. qui se dressait grandiose dans le ciel bleu et la lumière. dominant la gracieuse colline qui. du tapis de ses herbes. de ses oliviers et de ses acacias cherche à recouvrir encore avec piété Pompéi, si triste actuellement. autrefois le joyau vivant de la Campanie

Nous avons fini. Nos artistes. eux, ont à peine commencé. Ils nous accompagnent. gambadent autour de nous dans la poussière. et. à chaque instant. pour flatter notre orgueil national. font grimacer et sauter Poupoule sur les cordes de leurs instruments. Oh! la vilaine fille! Et le déjeuner n'est plus là: seuls le Vésuve et le ciel bleu. mais pour le quart d'heure ils sont impuissants à me distraire. Je vais éclater. Pendant que les pèlerins s'installent dans les voitures qui doivent les conduire à Torre Annunziata pour une excursion sur le golfe de Naples. je cours acheter des cartes-postales. Les cartes sont belles et captivent mon attention; la musique ne m'arrive que très affaiblie: je suis sauvé et m'attarde plus que de mesure sans doute à goûter le bonheur de ce salut, car. lorsque je reviens chercher une voiture. je n'en trouve plus. Elles sont parties et les pèlerins avec elles. Je reste seul. désespéré d'entendre, dans le lointain, la sirène du vapeur qui doit nous emmener répéter ses pressants appels.

— Signor, signor. — Eh quoi! est-ce un musicien qui vient me proposer une nouvelle audition de Poupoule ? Je me retourne. — Signor, signor. — L'Italien me montre sa voiture. Il fait des gestes persuasifs ou qu'il croit tels. J'examine le véhicule. C'est une petite voiture légère dont les pièces disjointes m'inspirent une médiocre confiance. Quant au coursier qui la traîne, un petit cheval noir, il parait tellement exténué qu'il va, selon toute probabilité, tomber au premier pas. L'homme sur mon visage a lu mes pensées défiantes. Il n'est pas content. Il réitère ses invitations sur un ton aigre. Je ne me laisse pas émouvoir. Furieux, il me montre Torre Annunziata d'où, à nouveau, la sirène mugit ses derniers appels. Ce diable d'homme a raison. Il faut que j'accepte son offre si je ne veux pas manquer l'excursion. J'escalade le marchepied. La voiture fait entendre des sons plaintifs, le petit cheval dresse les oreilles d'un air belliqueux, l'homme prend son fouet, et, avant que j'aie eu le temps de m'asseoir, nous voici partis à fond de train, dans une course folle..... Acte de contrition.....

Le fouet ne cesse de claquer, la sirène de mugir ; la poussière vole, le Vésuve vomit sa fumée, des enfants nus, vautrés sur la route, daignent se détourner, les piétons nous regardent, une vieille, au bord du chemin, se signe. Quelques minutes de cette course insensée, et nous arrivons. C'était temps. Presque tous les pèlerins ont franchi la passerelle. Mon bon oncle, qui commençait d'être inquiet, vient joyeux à ma rencontre. Nous nous dirigeons vers le vapeur. Le chemin est court, mais point facile. Il est obstrué par une foule grouillante et bruyante de gens désespérément obséquieux qui, malgré nous, veulent brosser, qui nos souliers, qui nos habits, qui nos chapeaux. Nous les repoussons doucement ; ils se multiplient et multiplient leurs offres.

C'est une peste dont, pour nous débarrasser, il ne faut rien
moins, en plus du secours du ciel, qu'un air obstinément
revêche et une indifférence glaciale à leurs empressements.

Ouf ! nous voilà dans le bateau. Sommes-nous délivrés?
Point encore. Nos importuns sont là en costume de bain.
Ils guettent les sous qu'on leur jette du bord, et afin de les avoir
plongent parfois à des profondeurs assez grandes, et réap-
paraissent triomphants à la surface, montrant le sou trouvé,
soit entre leurs dents, soit entre leurs doigts...... de pied.
Vous voyez que ces gens savent s'ébattre délicatement !!!
Bientôt ils ne peuvent plus lutter de vitesse avec le vapeur ;
ils se résignent et regagnent la rive, doucement, à regret, en
comptant leur gain. Quelques sous, voilà pour ces lazaroni de quoi vivre une huitaine sans rien faire, étendus la journée entière au bon soleil de Dieu. Ces Italiens ont été créés
pour se reposer. Ce sont d'heureuses exceptions à la dure
loi du travail.

Nous gagnons la pleine mer. L'équipage est gai Nous
avons des musiciens à bord, et, à travers les conversations
joyeuses percent les couplets sautillants de *Santa-Lucia* :

> *Sul mare luccica*
> *L'astro d'argento.*
> *Placida è l'onda*
> *Prospero è il vento,* . . . . .

À bientôt ma cousine, le récit de notre excursion dans
le golfe de Naples. A Dieu.

Vingt-Quatrième Lettre

Ma Cousine,

Le « vaporetto » court sur l'onde. A notre gauche, voici Castellamare. Ses eaux sont d'un vert sombre : avec trop de plaisir s'y reflètent les feuillages épais des lauriers et des châtaigniers sauvages. Et nous allons sur « le bleu de la mer parsemé de voiles blanches ». le long des cavernes profondes creusées par les flots rongeurs au flanc des hautes falaises. Tout à coup, changement de décor. Pour enchanter nos yeux, des oliviers, des figuiers, des aloès, des citronniers gracieusement s'entremêlent. Quelques minutes de cette féerie, et nous stoppons au pied de Sorrente. La petite ville est là-haut coquettement nichée sur le rocher d'où elle étale sa grâce. Naples est une beauté tumultueuse, Sorrente une beauté tranquille et pure. Naples est un joyau fulgurant de mille feux ; Sorrente un joyau discret dont la véritable valeur ne captive pas tout de suite les yeux étourdis. Sorrente, dirons-nous avec Bernado Tasso, père de Torquato, c'est le vrai bijou de la Méditerranée.

Nous escaladons allégrement le chemin à pic qui nous conduit aux blanches maisons qui se découpent sur l'azur du ciel. Notre désir ardent, c'est de visiter la demeure du Tasse. Nous la recherchons avec avidité. Hélas! elle n'est pas, comme nous l'espérions, un sanctuaire dédié au souvenir. Les vulgarités de la vie l'ont envahie et déparée. Elle méritait mieux, la blanche maison du Tasse, où le cygne, avant de moduler ses chants d'amour et de joie et de jeter ses cris douloureux, avec bonheur abrita son enfance, et, au soir de la vie encore, vint chercher le repos et la paix pour ses ailes meurtries et son cœur blessé.

Et tout ému, je me suis rappelé l'épisode touchant conté par Lamartine. Le Tasse venait de sortir de prison. Méconnu et bafoué, il arrive à Sorrente, et, déguisé en mendiant. se présente au seuil du toit paternel. Il veut voir si sa sœur le reconnaitra, elle qui l'a tant aimé, et mettra enfin sur son cœur le baume de la consolation qu'il a vainement cherché. « Elle le reconnait à l'instant, dit un biographe, malgré sa paleur maladive, sa barbe blanchissante et son manteau déchiré. Elle se jette dans ses bras avec plus de tendresse et de miséricorde que si elle eut reconnu son frère sous les habits d'or des courtisans de Ferrare. Sa voix est étouffée longtemps par les sanglots; elle presse son frère contre son cœur. Elle lui lave les pieds, elle lui apporte le manteau de son père, elle lui fait préparer un repas de fête Mais ni l'un ni l'autre ne purent toucher aux mets qu'on avait servis, tant leurs cœurs étaient pleins de larmes; et ils passèrent le jour à pleurer, sans se rien dire. en regardant la mer et en se souvenant de leur enfance. »

Oh! comme je comprends ces larmes, saintes larmes de l'amour fraternel. larmes de regret sur les êtres chers disparus qui nous aimaient et que nous aimions et dont la place vide est si pleine encore, larmes pour les beaux jours de la rieuse enfance si vite écoulés, larmes d'admiration en face de la mer dont les flots, illuminés de soleil, si doux à voir. font éclore et bercent les rêves du poète.

> Sur la plage sonore où la mer de Sorrente
> Déroule ses flots bleus au pied de l'oranger,
>
> . . . .

C'est bien cela, et comme je voudrais avoir le génie de ce Lamartine pour vous dire les beautés de Sorrente! O impuissance désespérante, tuante, de ceux qui ne peuvent plus exprimer ce qu'ils ont senti!

La « Regina·Margherita » s'est remise en route. La mer
est calme. Sa surface est unie. Le sillage du bateau jette
sur son sein d'azur une blanche écharpe ruisselante de mille
perles. Nous apercevons Ischia et Procida qui, dans la
lumière finissante du jour à son déclin, émergent du bleu
de la mer dans le bleu du ciel. Dans le lointain, Capri avec
ses deux villages de Capri et d'Anacapri.

C'est là que Tibère Claudius Néron venait se délasser,
par l'orgie, des soucis du pouvoir ; là, sa villa, aujourd'hui
Palazzo à Marc dont les riches et colossales ruines subsistent et étonnent encore ; là, *il Salto* (le Saut), rocher d'où
l'on précipitait dans l'abîme des victimes humaines, pour le
plaisir des yeux du royal pourceau. Afin de nous reposer
de ces tristes évocations, par la pensée, ma cousine, pénétrons dans la Grotte d'azur. Plus que la vie de l'empereur
romain, la nature est douce et saine à contempler. Après le
rouge du sang des victimes impériales qui tout à l'heure
giclait à notre vue, dans la grotte fameuse, imprégnons-nous
de l'azur mystérieux qui bleuissant la lumière tiède et l'onde transparente, doit sans doute baigner l'âme de joie tranquille et pure.

Le « vaporetto » continue sa marche. Capri disparaît insensiblement. Il n'est plus à nos yeux qu'une masse informe.
Nous ramenons notre vue sur Naples. Le soir est venu
quand nous abordons à Santa-Lucia. La vie semble s'être
retirée, avec le jour, de la cité napolitaine. Cependant, des
lumières s'allument sur le rivage. En un clin d'œil, elles four-
millent de toutes parts, et, pittoresquement, sur les quais,
multiplient leurs clartés au miroir des vagues doucement
vacillantes. L'enchanteresse se réveille, pleine d'une nouvelle grâce, et, au son des clochettes, des mandolines et
des chansons qui se croisent et sautillent dans l'air, bat. d'un

geste sûr et prometteur de joies, les premières mesures de
sa fête de nuit.

Napoli! Napoli! nous avons eu part, nous aussi, à
votre fête. Mon bon oncle et moi, mêlés à la foule nombreuse et bariolée qui nous coudoyait sympathique, nullement scandalisée, quelques heures durant, sur la place du
Palais royal, en face de l'église Saint-François-de-Paule,
assis devant d'excellentes consommations, nous avons
écouté vos chants, et ils nous ont ravis. Sur les marches
d'un gradin construit en plein air était disposé un chœur de
chanteuses et de chanteurs. C'étaient des jeunes filles aux
robes blanches et aux ceintures bleues, et de beaux gâs à la
mine éveillée et crâne. Un orchestre se dissimulait à leurs
pieds. Sous le ciel étoilé où couraient des lueurs et
des murmures joyeux, les instruments et les voix éclatè-
rent sonores, pleins d'harmonie. Et les archets semblaient
délicieusement endiablés qui scandaient cette musique de
gaieté folle, et les figures rieuses et épanouies qui accom-
pagnaient les paroles de mimiques gracieuses et éminem-
ment expressives, lui donnaient un inappréciable relief. Ce
soir-là, après des moments trop courts, bien que je n'aime
pas ce bas-bleu de madame de Staël, j'ai souscrit pleine-
ment à sa phrase lapidaire: « Qui n'a pas entendu le chant
italien ne peut avoir l'idée de la musique. »

Avant de quitter Naples, nous avons été témoins, à la
cathédrale, du miracle de Saint Janvier. Les Napolitains et
surtout les Napolitaines se pressaient nombreux dans la
chapelle du saint. Et ce fut un crescendo de soupirs, de
larmes, de gestes et de cris jusqu'à la liquéfaction complète
du sang du martyr qu'un prêtre, en habits sacerdotaux,
nous avait montré coagulé et sec, quelques minutes auparavant, de la balustrade où il exposait l'ampoule à la véné-

ration du peuple. Les Napolitains nous ont semblé, à nous Français, en la circonstance, d'une piété tumultueuse et désordonnée, et leur « Te Deum » accompagné par des orgues criardes avait une allure un peu carnavalesque. Mais à Naples, pour empêcher le sang de bouillir, les bras de gesticuler, et les voix de crier, il faudrait éteindre le Vésuse et le soleil. Laissons donc ces braves gens se livrer à leurs démonstrations extravagantes. Ils ont la foi, une foi très vive, la foi qui obtient le miracle, et ce miracle, nous vous le disons, nous qui avons eu l'honneur de le voir, et, pour ainsi dire, de le palper de nos mains.

A Dieu, ma cousine.

VINGT-CINQUIÈME LETTRE

Ma Cousine,

Nous sommes de retour de Naples et déjà faisons nos adieux à Rome. Nous avons bouclé nos valises, donné nos écus et notre bonjour à notre hôtesse, madame Costantini Maria, et notre souvenir ému et pieux à Saint-Pierre et au pape. Quelques minutes de course, et nous voici à la *stazione*, en partance d'Italie, à destination de la chère France.

Je suis harassé et presque indifférent au paysage qu'au reste je vous ai décrit. Cependant, non loin de Civita-Vecchia, Cornetto attire mon attention. C'est une ville située sur une colline, bizarre aux yeux avec ses monuments aux flèches pointues. Trois siècles avant Jésus-Christ, la petite ville étrusque combattit courageusement les Romains envahisseurs. Elle combattit courageusement, puis... succomba.

Je succombe moi aussi, sous les pavots du sommeil, et

rêve de Cornetto devenue une chèvre blanche et gentille, la chèvre de monsieur Seguin, et de Rome transformée en louve monstrueuse. La chèvre entre en bataille avec son agresseur, et ses petites cornes font merveille. Elles piquent des blessures vives et saignantes aux flancs de la bête. Celle-ci, furieuse de douleur, multiplie ses attaques et ses morsures, et le combat finit, comme il devait finir, par la déroute de la petite chèvre. Quand son heure fut venue, Cornetto s'étendit épuisée sur le vert tapis de sa colline, et la louve romaine la mangea. Vous avez entendu, ma cousine, la mangea, la digéra, et, après multiples changements, la réduisit à son coquet et pittoresque état actuel.

Après bien des heures de marche, voici, avant le Cenis, les contre-forts des Alpes italiennes. Des bourgades aux maisons bigarrées, des hameaux aux clochers jolis se pressent dans les vallées, aux penchants des coteaux, dans la verdure des châtaigniers et des vignes, et la fraîcheur des torrents écumeux.

Nous avons traversé le tunnel, voici la France. Le paysage est aussi pittoresque, mais le sol est plus riche, la verdure plus sombre et plus belle, la fertilité plus grande.

Oh ! les petites maisons pressées, en leur terreur des avalanches probables, autour de l'humble église ! Oh ! la cloche argentine dont le son nous parvient si doux à travers le sifflement de la vapeur et le bruit du fer ! Oh ! la bonne vieille, à la figure sereine, qui revient lentement de la forêt, pliée sous son fagot de bois mort ! Oh ! les petits vachers et petites vachères, aux yeux candides, naïfs admirateurs du noir colosse qui nous emporte ! Oh ! les blocs énormes juchés aux faîtes des monts, et les pins parasols verdoyants plantés pour protéger les flancs de la montagne ! Oh ! les gras pâturages où, avec lenteur, sonnent les clochettes des troupeaux paisibles ! Oh ! les rivières d'un bleu céleste, qui, après avoir dégringolé des cimes, courent à travers les prairies penchées, heurtant les rocs avec fracas ! Oh ! toutes ces choses bonnes qui constituent la France par nous proclamée avec bonheur aussi belle que l'Italie, plus riche qu'elle, et infiniment plus douce à notre cœur parce qu'elle est la patrie !

Nous arrivons dans la fertile vallée du Grésivaudan. Des récoltes florissantes s'offrent à notre vue. Au bord d'un étang, un monsieur pêche à la ligne avec ses deux fils, beaux marmots distingués. A côté, une jeune femme interrompt de temps à autre sa broderie pour donner le merci d'un sourire aux captures de son mari, ou une parole encourageante et douce aux essais de ses chers enfants. Tout est calme et pur dans cette scène. Que ne suis-je un Claude Gelée afin de vous l'exprimer sur la toile avec son charme profond.

Nous avons une échappée de vue sur la vallée. Elle se continue, plus loin que nos yeux peuvent aller, jusque vers Grenoble. A droite se trouve la Grande-Chartreuse que nous voudrions tant pouvoir visiter. Compensation légère, nous apercevons la statue de Saint Bruno, érigée sur une montagne. Elle domine les campagnes environnantes où fortement et suavement rayonna la charité du grand saint. Nous saluons de loin le château où expira monseigneur Dupanloup, et évoquons la mâle et grande figure de l'évêque d'Orléans. Nous nous répétons ce passage de l'oraison funèbre des volontaires catholiques de Castelfidardo, où la veuve chrétienne de Pimodan s'exhausse à un sublime que n'a jamais atteint la veuve d'Hector, parce que païenne : « Tu les ramenais pour la quatrième fois à la charge, quand tu tombas, percé de coups, à la tête de tes braves, noble Pimodan !... Tu tombes, vaillant guerrier, et cette jeune épouse que tu as quittée, et ces petits enfants dont tu es le père, ils ne te reverront plus!.... Mais elle est digne de toi, cette femme héroïque; et quand la nouvelle de ton glorieux trépas lui arrivera, elle ne pleurera pas comme pleurent les femmes. Vainement prendra-t-on des ménagements pour lui annoncer la fatale nouvelle: « Ne lui écrivez pas, lui dit-on; il est prisonnier..... » Elle, se détournant, et avec un regard inexprimable: « Prisonnier! dit-elle. c'est impossible!... Il est mort... allons à l'église.... » Et puis tout à coup, comme si le cœur du guerrier eût passé tout entier dans le sien, elle saisit un de ces petits enfants qu'il lui laisse, et l'élevant entre ses bras vers le ciel, elle s'écrie: « Eh bien! toi aussi, tu seras soldat! »

N'est-ce pas, ma cousine, qu'elle est fièrement belle, cette jeune femme, et que cette page de monseigneur Dupanloup est une admirable page.

La nuit tombe lorsque nous arrivons à Lyon. La fatigue ne nous permet pas d'aller à Ars et Genève ainsi que nous l'avions résolu. Nous passons une journée maussade au Séminaire Saint-Irénée et une nuit de retour à notre logis plus maussade encore. La pauvre loque humaine n'en peut plus, mais l'âme est forte de la bénédiction papale et joyeuse des beaux et pieux souvenirs.

Je vous ai transmis la part de cette bénédiction que j'avais réservée en mon cœur, exprès pour vous. Les souvenirs aussi, je vous les ai livrés, déflorés et mesquinisés sans doute. Ne regardez pas uniquement leur détail et leur expression; voyez surtout l'intention de vous plaire qui me les dicta.

A Dieu, ma cousine. Cette fois, j'ai fini.

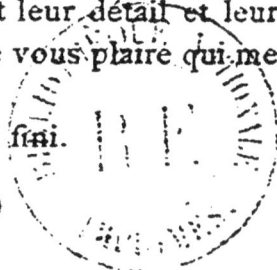

TABLE DES MATIÈRES

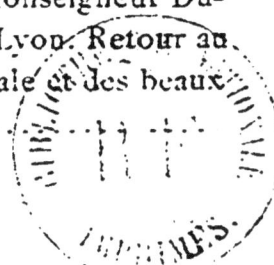

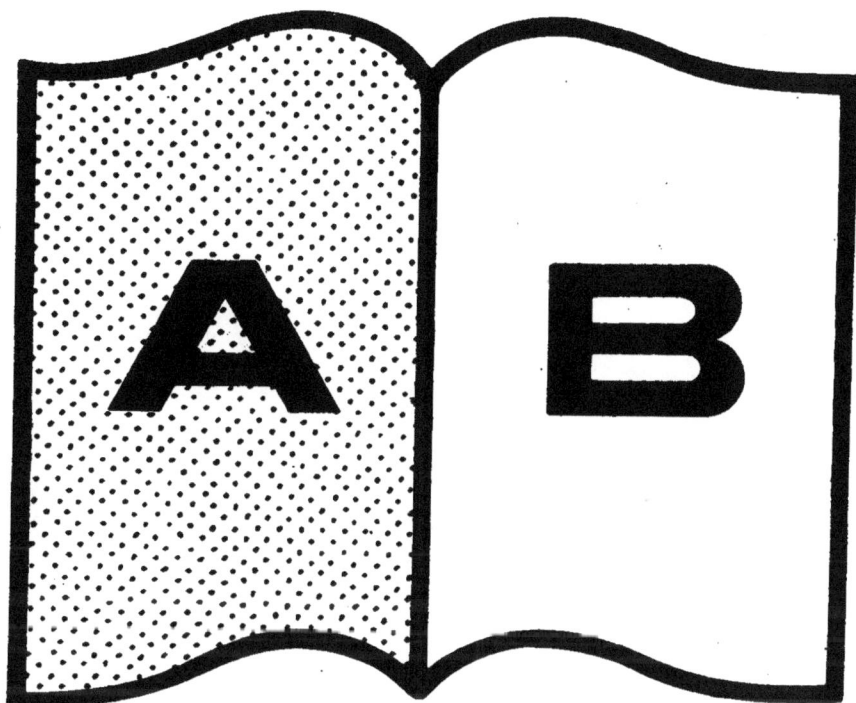

Contraste insuffisant

NF Z 43-120-14

www.ingramcontent.com/pod-product-compliance
Lightning Source LLC
Chambersburg PA
CBHW072032080426
42733CB00010B/1866